明治図書

はじめて学級担任になる先生のための つながり方のルール

丸

はじめに――子どもたちと乗り越えよう

本書を手に取ってくださりありがとうございます。

本書は、はじめて学級担任になる方に向けて、学級経営に必要なことを「つながり」という視点で書かせていただきました。

学級担任という仕事は、本当に多岐にわたります。「授業」「学級づくり」「子どもたちの健康観察」「安全管理」「教室環境づくり」「給食指導」「掃除指導」など……。ざっと書きましたが、もちろんこれだけにとどまらず、学級担任の仕事は複雑化しています。昨今は、それに加え

・探究的な学び
・個別最適な学びと協働的な学び
・ＧＩＧＡスクール構想

などに関する、ありとあらゆる業務が教室に押し寄せてきています。これらを乗り越えながら、さらにいうと、これらのビッグウェーブに乗りながら学級担任という仕事をこなしていくために、絶対に欠かせないものがあります。それは、

人とのつながり

です。そして、学級担任であれば

子どもたちとのつながり

が、絶対に欠かせないのです。

みなさんは、子どもたちのことをどのように捉えているでしょうか？　つまりどのような「子ども観」をもっているか、ということです。

本書を手に取ってくださったみなさんに、ぜひもっていただきたい子ども観とは、次の

ような子ども観です。

子どもたちは可能性にあふれている

このような観をもちながら子どもたちと接することが、今の時代においては本当に必要なことだと、私自身も日々教室の中で感じています。

さらにいうと、

子どもたちは自分自身で学ぶ力をもっている

という子ども観も、もってほしいと思います。

ともすれば、教育界は、長年「子どもたちは自ら学ばないもの」という価値観が広がっていた時代があるともいえます。

みなさんは、１９７０年代まで日本の教育で実施されていたとされる「詰め込み教育」

をご存知でしょうか。詰め込み教育の時代（1958年・1968年告示学習指導要領）では、過去最大の授業時数が設けられ、とにかく子どもたちに学習内容を「教えよう」としたわけです。

そして、このような系統学習は、子どもたちに大きなストレスを与えました。過熱した授業戦争や校内暴力などが社会問題になったのです。

つまり「子どもたちは自分たちでは学ばないからできるだけ多くの知識を詰め込む」という考えのもと、そのような詰め込み教育が行われていたといっていいでしょう。

しかし、そのような教育は、子どもたちに表れた姿から間違っていたと考えられます。そうではなく「子どもたちは学ぶ存在である」という前提の考えが重要だったのです。

今、本当に大きな動きが教室を巻き込もうとしています。これらの動きは、未来の日本社会を考えたときには、乗り越えなければいけない課題であり、今まさに壁に直面しているといえるでしょう。

その壁を突破できるかどうかは、「子どもたちとのつながり」を確かなものにできるかどうかにかかっていると私は考えています。

子どもたちとのつながりを確かにするからこそ、集団としての成果を高めることができ、個々を伸ばすことができるのです。
関係性が悪く、ぎくしゃくしているチームよりも、お互いに目標に向かいながら切磋琢磨しているチームの方が成果を上げることができることは明白でしょう。

本書では、子どもたちとの確かなつながりをつくるためにはどのような考えをもてばいいのかといった考え方と、どのようにつながりをもてばいいのかというスキルについてふんだんに書かせていただきました。時代は大きく変化しており、10年前の学級経営では通用しなくなっています。そのあたりも踏まえながら、新時代における学級経営のコツとして書かせていただいております。
本書を活かし、ぜひ、子どもたちとのつながりを築いていってください。令和の時代もその先の時代も、学級担任としてやりがいを実感するきっかけとなることを願っています。

令和6年9月

丸岡　慎弥

目次

第2章　子どもたちのことを知る

第3章　安全・安心な教室環境をつくる

第４章　子どもたちへの言葉かけを工夫する

第5章　子どもたちの声を聴く

第6章　活動を通してつながる

第1章　自分の心を子どもに開く

子どもたちに心を開くことが「つながる」ための大切な一歩

先生から心を開く

はじめての学級担任。いろいろな不安や心配もあると思いますが、「子どもたちとうまくやれるかな」「どのようにして子どもたちとつながりをもてばいいかな」という思いをもつことは当然のことと思います。

どれだけＩＣＴ技術が進もうとも、教育改革が進もうとも、子どもたちと先生がつながりをつくりながら教室の中で学びをつくっていくことは、いつの時代も変わりのないことです。

むしろ、今のような時代だからこそ「子どもたちとのつながり」が大切であるといえるでしょう。

では、子どもたちとつながりをつくるためには、どのようなことを大切にすればいいのでしょうか。

それは、

先生の方から心を開く

ということです。

昨今は、コミュニケーションを取ることが苦手な先生が多くなったと聞きます。もしかすると、時代の変化からか、失敗や不安をさらけ出すことが難しくなり、自分の思っていることを心の奥に閉じ込めてしまう機会が多くなってしまったからなのかもしれません。

しかし、小学生である無邪気な子どもたちは、何の理由もなしに先生のことを信頼しています。「先生と仲良くなりたい」「先生のことを信頼したい」と、素直な思いをもっているのです。

ただ、「先生と仲良くなれるかな」「どんな先生なのかな」と不安な思いをもっていることも事実です。だからこそ、先生の方から心を開くことを大切にしましょう。

人は、

心を開いてくれる人がいるから心を開く

ものなのです。よく「鏡の法則」などといわれます。「他人は自分を映し出す鏡である」と鏡の法則は教えてくれます。

相手とつながりをもちたい、相手に心を開いてほしい、と思うのなら

自分から心を開く

ということを忘れないでください。

「心を開く」とはどういうこと？

心を開く、といっても具体的にどんなことをすることが、心を開いていることになるのでしょうか。心は目に見えるものではなく、実際に先生の心が開いている様子が子どもた

ちに見えるわけではありません。「先生が心を開いてくれているな」と思ってもらえる工夫が必要になってきます。

次のような行動を取ることで、「心を開いているな」と子どもたちに感じてもらうことができます。

自分の思いを語る

もちろん、つくったような思いではいけません。**自分自身が心から思っていることをそのまま子どもたちに語ってあげる**のです。「みんなに会えることを楽しみにしていた」「みんながどんな顔で教室に入ってくるのかドキドキしていた」「これからうまくやれるかなあってワクワクとドキドキが混ざっている」などです。

自分の感じていることを語ることが、子どもたちと真につながるきっかけとなっていきます。これは、学級開きではもちろん、一年間を通して語り続けることを忘れないでほしいと思います。

自分の大切にしたいことを明確にする

自分の信念は何か

子どもたちと確かなつながりをつくるために、絶対に大切にしてほしいことがあります。

それが、

自分の（教師としての）信念を大切にする

ということです。これは、人から借りてきたものではなく、自分の言葉で語れるようになることがとても大切です。

なぜ、信念が大切なのでしょうか。また、どうして明確にしておく必要があるのでしょうか。
それは次のような理由からです。

自分の言葉に一貫性をもたせるため

小学校の学級担任は、学級の子どもたちと驚くほど時間を共にします。一年間に行われる総授業時間数は、学年によっては１０００単位時間を超えます。授業時間だけでも45分×１０００をすると、

45000分
750時間

という時間を共に過ごしているのです。（授業時間以外の時間を入れると、もっとたくさんの時間になります。）授業日数では、5日×35週＝１７５日以上の時間を過ごすことになります。

それだけたくさんの時間を過ごす中で「先生はこんなことを大切にしたいと思っているのだな」と子どもたちに沁みわたっていくようにするためにはどうしたらいいのでしょうか。もちろん、人から借りてきたような信念では、すぐに揺らいでしまい、子どもたちは困惑してしまうでしょう。本当に多くの時間を共に過ごす担任の先生には、ぜひ、自分なりの教育信念を明確にしてほしいと思っています。

信念を明確にする具体的方法

では、具体的にどのように自分の信念を明確にすればいいのでしょうか。

一番にできることは、

教員採用試験の面接で語った自分の言葉を思い出す

ということです。つまり、原点回帰することです。

学校の先生になろう、と決意したときには、並々ならぬ思いをもっていたことでしょう。

今、学校現場はメディアをにぎわすくらいに注目されている場所です。その場に足を踏み入れようとしたのには、明確な信念があったはずです。

その信念を思い起こすことが、今の自分の信念を明確にすることにつながります。

さらに、もう一つの方法として、

「なぜ」を5回繰り返す

ということです。これは、ビジネスの世界でよく使われている思考を深めるためのテクニックです。

「なぜ、教師の道を選んだのか？」といった問いから始まり、出てきた答えに対して「なぜ？」と、あと４回繰り返していくわけです。

こうして、自分の信念を磨く作業を積み重ねます。すると、自分の軸ができあがり、自分の発する言葉に一貫性が生まれてくることでしょう。こうして、子どもたちと確かなつながりをつくっていってください。

大切にしたいことと自分の経験をつなげる

私がずっと大切にしている、あるエピソード

先ほどのページでは、自分の大切にしたいことを明確にしよう、というお話をしました。

その大切なことをさらに活かす方法があります。

それは、

自分の大切にしたい価値と自分の経験をつなげる

ということです。

ここで、少し私の話をさせてください。

私の大切にしたい価値（信念）に、「だれもが可能性をもっている」「その可能性は挑戦によって拓かれる」というものがあります。キーワードでいえば「可能性」「挑戦」ということになるわけですが、このような価値を大切にしたいという人は、私以外にもたくさんいらっしゃると思います。多くの先生が「私も挑戦が大切だと思っています」「子どもたちの可能性を信じてあげることって大事ですよね」と、同じような思いをもっているでしょう。

ただ、他の先生との差別化を図るということではないのですが、こうしたキーワードを出すだけでは、あともう一歩足りないともいえます。

それでは、どうすれば、もう一歩深く自分の価値を深めて捉えることができるのでしょうか。それが先ほど述べた「自分の大切にしたい価値と自分の経験をつなげる」ということなのです。

私が「可能性」「挑戦」を大切にしたいのには、あるエピソードが関係しています。

私が大学生のころ、アルバイト先の仲間とともに例年スキー場へと出かけていました。メンバーは仲が良く、正社員・パート・アルバイト関係なしにグループでよくいろいろな場所へ出かけていたのです。

ある年のことです。当時は、スキーだけでなくスノーボードも流行り始めた時期であり「スノーボードをやろう」ということになりました。ただ、メンバーの一人であるパートの方（おそらく当時50代前半）は、スノーボードはもちろん、運動自体が大の苦手でした。メンバーはすいすい滑って楽しそうにしていましたが、そのパートの方は滑れません。

「私は、もう休んでおくわ。みんなで滑っておいていいよ」

と言って休み休みされていたのですが、当時の私は「せっかく○○さんも来たんだから……」といっしょに練習に出ることにしました。

というものの……。

スノーボードの板を装着したのはいいのですが、立ってはコケる、立ってはコケるを繰り返すばかり。2時間経っても、3時間経っても、状況は変わらぬままでした。

「大丈夫ですよ～!!」

「絶対できますよ～！」

と励ましてみたりコツを伝えてみたりするものの、まったく立てる気配は見えません。

もう無理かな……。

そう思っていたことは事実でしたが、「やればできるはずだ！」という私のあきらめの悪さも手伝って、ひたすら練習を続けました。

そしてついに……。

はじめて立つ瞬間がおとずれたのです。

「立った！　やった!!」

もう20年以上も前の話ですが、今でもはっきりと、二人で喜び合ったことを覚えています。そのときに、私自身の中に「やればできるって本当なんだなぁ」と実体験を通じて落とし込むことができたのでした。


このように、自分自身にとっての印象的なエピソードはだれの中にもあるはずです。必ずしも周囲から評価されたエピソードである必要はありません。自分の中に実感があればそれでいいのです。

ぜひ、自分の大切にしたい価値とエピソードをつなげてみてください。

自己紹介の場面を大切にする

出会いの３秒で笑顔と視線を届ける

どんな物事でも「はじめが肝心」です。特に、人と人とのつながりを仕事にしている私たちにとって、子どもたちとの出会いの場面は、特に大切にしたい場面です。

また、「初頭効果」と呼ばれる法則があります。秒数には諸説ありますが、

初対面の印象は約３秒で決まる

というものです。

つまり、

出会って3秒で、「この先生いいな」と思えるような出会いを演出する

ことが大切なのです。（もちろん、開始３秒だけＯＫならいいというわけではありませんが……）

では、どうすれば出会いの３秒を最高のものにすることができるのでしょうか。
私は、子どもたちとの出会いの場面で次のようなことを意識しています。

とびっきりの笑顔と視線を送る

ここでは「笑顔」と「視線」の二つがキーワードです。
どうしてでしょうか。
例えば、「笑顔はあるけれど視線はない」場合を考えてみましょう。

笑顔いっぱいだけれど、子どもたちと目線が合っていなければ、残念ながら、その笑顔は子どもたちには届いていません。もしかすると「先生、なんか不自然」「つくり笑いなのかな」と、子どもたちに見透かされてしまう可能性もゼロではありません。「なんかうさんくさい」「いい顔しようとしている」など、厳しい意見をもらうことにもつながりかねないといえます。

では「笑顔なし・視線あり」の場合を考えてみましょう。これは、とんでもなく怖い印象を与えてし

まうことは明白でしょう。ただ見つめられるだけでは、子どもたちは緊張してしまうだけです。もちろん、初日の子どもたちはかなり緊張していますので、その緊張を増すだけとなってしまうでしょう。

つまり、笑顔と視線をセットで、子どもたちと出会って3秒以内に送ることが肝となります。このたった3秒を、自己紹介の前には大切にすることを忘れないでください。

笑顔と視線をどう準備する？

では、どのようにして子どもたちに笑顔と視線を送る準備をすればいいのでしょうか。
それには、二つの方法があります。

鏡の前で練習してみること
子どもたちのいない教室で練習をすること

どんなことも**準備で結果が決まる**ものです。特に、出会いの瞬間はその年で一回きりの大切な場面です。しっかりと準備をして子どもたちとの出会いを果たしてくださいね。

自己紹介を成功させる①

自分の名前をていねいに伝える

子どもの名前に思いを馳せる

子どもたちとつながりをつくるためには、子どもたちのことを大切にしなければいけません。当然のことですが、毎日子どもたちと過ごしているとそれがいつしか日常となり、自分の中に「相手を大切にするための行動」をもちあわせていなければ、「子どもたちを大切にする」という当たり前の理念も達成されなくなってしまいます。

子どもたちを大切にするために、私たちが取れる行動は数多く存在しますが、身近な日常でできることには、次のことがあげられます。

それは、

子どもたちの名前の意味を考えること

です。教師という仕事をしていると、本当に多くの子どもたちに出会います。そして、出会った数だけ、名前との出会いも果たすことになります。「蓮（れん）」「陽葵（ひまり）」「碧（あお）」「凛（りん）」（※２０２３年名前ランキングより抜粋）といった名前にどんな意味が込められているのか、そんなことに思いをめぐらせるのです。

その理由はもちろん、

その子にどんな思いが込められているのか

といったことに思いを馳せるためです。その子が生まれたときは、どんな瞬間だったのか、どんな人たちに喜ばれたのか、そして、どんな願いが込められて今の名前が付けられたのか……。もちろん、正解する必要なんてありません。そういったことに思いを馳せることが大切です。

自分の名前にも思いを馳せてみよう

そして、それはこの本を読んでくださっているあなた自身にも同じくいえることです。自分の名前はどのようにして付けられたのか、思いをめぐらせるようにしてみましょう。（ご両親に聞いてみてもいいかもしれません。）そうすることで、学級の子どもたちに思いを馳せることもより豊かにできるようになるはずです。

私は、自分の名前に対して特別な思いをもつ出来事がありました。私の名前は「慎弥」といい、「どんな物事にも慎重に取り組むことができるように」という願いが込められた、と両親から聞きました。

そんな自分の名前に対して、特別な思いを抱くようになったのは、自分の部屋をもつようになった小学校５年生のころのことです。その日の夜は特に予定もなく、自分の部屋でゆっくりと過ごしていました。当時、自室の本棚には、両親の本と自分の本がいっしょに置かれていました。

自分の本を取るために本棚に立ち寄ったのですが、ふと古びた書籍が目に留まったので、なんとなく読んでみることにしました。

本を開くと、一枚のメモが出てきました。かなり古びていて、紙が変色しているほどのメモです。そこには、なんと私の名付けの候補と思われる名前がたくさん書かれていたのです。画数が調べてあるなど、様々な書き付けがあるそのメモからは、私がまだこの世に誕生する前に両親が私のことを考えてくれていた時間を感じ、その思いに触れることができたのです。

もちろん「慎弥」以外にもたくさんの名前が書かれていましたので、「もしかすると別の名前の人生を過ごしていたのかもしれないのかぁ」と思うと不思議な気持ちになりました。その紙は、今も自分の机の引き出しに大切にしまってあります。

どんな人にも誕生のドラマがあるはずです。そのドラマの中で生まれたあなたの名前をていねいに子どもたちに伝えてあげてください。

自己紹介を成功させる②
自分の好きなものを20個紹介する

子どもたちとの類似を見つけよう

自己紹介のときに、自分の好きなものを20個紹介する。この手法は、愛知県の社会教育家、平光雄先生から学んだ手法です。

例えばですが……

「先生の好きなものを紹介します。先生の好きなものは……」

・サッカーをしたり観たりすること
・野球をすること（キャッチボール程度）
・阪神タイガースを応援すること

・本を読むこと
・よく寝ること
・お風呂にゆっくりつかること
・運動をすること
・ラーメンやおそばを食べること
・甘いものを食べること（例えばバームクーヘンなど）
・ポテトチップスを食べること
・ちょっと辛いカレーパンを食べること
・炭酸ジュースを飲むこと
・文章を書くこと
・道徳の授業をすること
・興味関心があることに対して詳しく調べること
・ジャケットを着ること（ポケットがたくさんあって便利）
・楽しくおしゃべりをすること
・家族とゲームをして楽しむこと

・旅行をすること
・車を運転すること（特に山に向かって走ること）

などです。

なぜ、これだけたくさんのことを自己紹介に盛り込むのでしょうか。それは決して自分のすべてを伝えたい、という自己欲求ではありません。

類似性の法則

を期待しているからです。

ミシガン大学の社会心理学者であるセオドア・ニューカム博士が行った研究（１９６１）では、お互いのものの見方や考え方が類似していることが、長期的な人間関係において特に重要な要因であると結論付けられました。つまり、同じようなものに興味関心をもつ人同士の方が、よりよいつながりを生み出しやすいということです。

こうした効果をねらって20個の好きなものを自己紹介の場面で提示するわけです。20も好きなものがあれば、どれか一つくらいは同じものや似たものがあるものです。（実際に「おそば好き」と伝えたところ「先生、ぼくもおそばが好きなんだ」と後から伝えてくれたこともありました。）

だからこそ、20個の好きなものには、できるだけ幅の広いものを意識的に入れるようにしています。例えば「スポーツ↕読書」「甘いもの↕辛いもの」といった対になるものを入れるようにもしていますし、子どもたちとはあまり縁がないもの（例えばコーヒーなど）は入れないようにします。あくまでも、目的は「子どもたち（の好きなもの）と類似する可能性のあるものを提示してつながりをつくりたい」という思いがあるからです。

もちろん、学期の途中でも意識的に様々な話題を子どもたちに提示することをやってみてください。星や生き物の話、本の話、スポーツの話……。子どもたちと共通点をつくることによって、よりよいつながりへと変わっていくのだと覚えておきましょう。

自己紹介を成功させる③
好きなもののエピソードを紹介する

エピソードを語るよさとは

自己紹介の場面で子どもたちとよりよいつながりをつくるためには、

自分のエピソードを語る

ことがとても効果的です。

では、エピソードを語ることで得られる効果を考えてみましょう。

①共感を呼ぶことができる

エピソードを語ることで、先生自身が体験した世界を子どもたちに共感してもらうことができます。「こんなことがあったんだ～」と心を開いて話をすることで、子どもたちは共感してくれます。共感すると、その人との距離はグッと近くなり、先生と子どもたちのつながりを強めてくれるのです。

②記憶に残りやすい

子どもたちは家に帰ると、いろいろな学校の話をします。ただ、話せることは、子どもたちの記憶に残っていることだけで、記憶していないことは当然話せません。

「エピソード記憶」と呼ばれる記憶があります。通常の記憶とは違い、相手の記憶に残りやすいといわれています。よく、算数の授業で「○○さん方式」なんて呼ぶことがあります。教科書に書かれている方法をただ伝えるのではなく、「この学級では○○さんがみんなに説明してくれたので、○○さん方式としましょう」とすると、一気に学級のエピソードとなり、子どもたちの記憶に残りやすくなる、という具合です。

こんなふうに、エピソードを語ることで、子どもたちの意識に残りやすくなるわけです。

なお、教室でどんなエピソードを語るのかによって、保護者の方に届く自分の印象が変わってくることも覚えておいてください。

③集中して聞くことができる

エピソードは、語っているその人の世界に入り込むことになるので、集中して話を聞くことができます。子どもたちが絵本や物語の読み聞かせを聞くのが大好きなのと同じように、先生の世界に入ってエピソードを聞くことは、子どもたちにとって大好きな時間の一つなのです。

そんなときは、シーンとなって子どもたちは話を聞いてくれますし、時に笑ったり驚いたりしながら反応もしてくれることでしょう。

先生の世界に浸りながらみんなでお話を聞くことは、先生と子どもたちのつながりを確かにつくってくれる時間となるのです。

エピソードをどうやって語ればいいのか

エピソードを語るうえでのポイントは何でしょうか。

まず、大前提として

上手に語る必要はない

ということです。子どもたちは先生の存在や世界に興味関心をもっています。「上手に語ろう」と思う必要はありません。

エピソードを語ることは、物語を語ることと同じです。物語の基本的要素として①時②場所③人の三つがあります。その状況の中で「どんな出来事が起こったのか」ということを語ってあげてください。出会いの日に語りをするなら、自己紹介で活用した「先生の好きなもの」の中から一つを選んで何か語ってあげると、子どもたちも楽しんで話を聞いてくれることと思います。ぜひやってみてください。

自己紹介を成功させる④

学級担任として大切にしたいことを伝える

大切にしたいことを初日に語る理由

子どもたちと出会う日は本当に忙しいです。特に短縮時間に設定している学校であればなおさらでしょう。始業式がある日は3時間授業という学校も多いのではないでしょうか。

たった3時間しかないのですが、

・クラス分け
・靴箱やロッカーの指定
・どこに座るのかを確認する（教室の座席）
・教科書の配付

・連絡帳の記入
・手紙の配付（時に10枚を超える）

など、やることがまさにてんこ盛りなのです。1時間以上は始業式、さらにはクラス分けに時間を取られてしまいますので、学級で過ごすことのできる時間は本当に限られてしまいます。ともすれば「初日は教科書と手紙を配って、さらには連絡帳が書ければいいか」といった考えに陥ってしまいがちですが、それはあまりにももったいない判断です。

これまでにも述べてきたとおり、

出会いの日の効果は、出会いの日しかない

わけです。そのために、その他の業務は効率よくこなせるよう、前日までに準備を済ませ、出会いの日だからこそするべきことを行いましょう。

まずは、ここまでに紹介してきた

先生の自己紹介

を大切にします。当然ですが、自己紹介は初日だからこそ効果があります。普段は家庭で学校の話はしない保護者の方でも、初日だけは必ず「どんな先生だった？」と子どもに聞くのです。その子どもの声で、保護者の方は「今年の先生はどんな先生なのか」を判断することでしょう。

私が考える出会いの日の自己紹介で大切なことは、

おもしろい先生&しっかりした先生

という二つの要素を兼ね備えることです。

「おもしろい先生」については、好きなものを20個紹介したり、好きなものに関するエピソードを話したりすることで、印象付けることができます。

では、もう一つの「しっかりした先生」は、どのように印象付けるといいのでしょうか。

それが、

自分の大切にしたいことを語る

ということなのです。自分の大切にしたいことを明確にすることは、18ページで述べました。自分の軸や価値をしっかりともつからこそ、子どもたちにも伝えることができます。そして、22ページで伝えた「大切にしたいことと自分の経験をつなげる」ことを活かして、

出会いの日に自分の大切にしたいことを伝える

ことを実施しましょう。子どもたちは、「先生はこんなことを大切にしたいって言ってたよ」と、自分なりの言葉で保護者の方に伝えます。こうして、確かなつながりが生まれるように初日をデザインしていくことを意識してください。

日ごろから自分の思いを伝える

先生が思いを語ることのよさ

この仕事に就く前、みなさんは「先生」に対してどのようなイメージをもっていたでしょうか？　きっと、ドラマやご自身が出会った先生の姿を思い浮かべていたことと思います。きっと、その中の先生はみんな輝いていたのではないかと思います。

そして、その先生が輝いている瞬間とは、自分の思いや考えを子どもたちに伝えたりぶつけたりしているときだったのではないでしょうか。つまり、印象的な先生とは、しっかり自分の思いや考えを語っている先生、といえるのです。それは、情熱的でありコミュニケーション能力が高いとされる先生とも言い換えられます。

しかし、学校現場に入ると、思っている以上に自分の言葉や考えを表現できないことに気付かされます。「授業を進めなければいけない」「○○を連絡しなければいけない」「会議の資料をつくらなければいけない」と、ありとあらゆる業務に追われるようになるからです。ともすれば、「教師といういぬいぐるみを着て子どもたちの前に立つ」ような感覚に陥ってしまうかもしれません。

教師という仮面をかぶり、本当の自分を隠しているような状態です。

しかし、このような状態では、決してよいパフォーマンスを発揮することはできません。

ある研究者が、「教師のオーセンティック性（先生の弱さ・脆さをオープンにしながら、子どもたちに正直に誠実に自己開示していくこと）がどれくらい学級によい影響を与えているのか」を調べる実験を行いました。一人の人間として感じることを子どもたちに伝えることが、どれほど学級に影響を与えているのかということを調査したわけです（竹西、2015）。

その実験の対象となった先生は、あらゆる場面で子どもたちに自分自身が感じたことを伝えていきました。勉強で大切にしてほしいこと、友達との関わりで先生が求めること、ある出来事が起こったときに先生が感じたこと……。いろいろな場面で子どもたちに自分の思いを語るようにしていったのです。

　すると、先生の語りによって、学級にとってよい効果が表れているということがわかってきました。つまり、自分の思いを子どもたちと共有する先生の方が、よりよい学級づくりへとつなげることができるのです。

　私自身も、教員生活を続ける中で、たくさんのことを子どもたちに伝えてきました。ある年の６年生では、「恋愛」について語ったこともあります。

　その当時の学級では、「好きな人」について子どもたちの興味関心がものすごく高まっていました。そして「○○さんの好きな人は○○さん」という事実なのか推測なのかわからない会話が飛び交ったり、「○○さんはだれが好きなの？」という質問が飛んだりしていました。

　年ごろの子どもたちが恋愛に対して興味関心をもつことは当然のことです。また、人を好きになるということは、かけがえのない体験でもあります。それをはじめて経験している子どもたちは、これまで経験したことのない自分の状態に戸惑ったりドキドキしたりするものです。それは、大切な経験なのです。

　しかし、それを周囲から噂されたり小ばかにされたりしたらどうでしょう。その気持ちを自分自身で否定してしまったり、その気持ちをなくそうとしてしまったりするかもしれません。

だからこそ、人がもつ恋愛感情というものを大切にしてほしい、そして、もしそういう気持ちをもったり人がもっていることを知ったりしたら、その気持ちを大切にしてほしい、そんなことを子どもたちに語ったのでした。

そのとき、一番前に座っていたある女の子は、私の話を聞き終わった後に拍手してくれました。私自身は恋愛について語ることがそんなに得意なわけではないので、うまく伝えることができたのかわかりませんが、私の伝えたかったことは、ある程度子どもたちに伝わったのではないかなぁと思います。

ぜひ、子どもたちに「自分の思いを語る」ということを大切にしてください。それが学級をさらによりよくする一手になることは間違いありません。

第２章　子どもたちのことを知る

まずは子どもたちの名前を覚える

名前を呼ぶということ

子どもたちとつながりをつくるうえで、まずはじめの一歩となることがあります。
それが

子どもたちの名前を覚える

ということです。当たり前のことのようですが、とても大切なことです。

先生が出会いの日から子どもたちの名前を覚え、子どもたちの名前をきちんと呼んであげる、つまり「ちょっと……」と声をかけるのではなく「○○さん」と呼んであげることの大切さを知ってほしいのです。

先生が、出会いの日に子どもたちの名前を呼ぶことには、次の大切な要素が含まれているといえます。

「自分はここにいてもいいんだ」という所属感が生まれる

「このクラスには○○さんがいるんだ」という子ども同士のつながりが生まれる

名前を呼ばれるから所属感を感じる

子どもたちにとって教室内で一番に信頼できるのは、先生であることに間違いありません。その信頼できる相手から自分の名前を呼んでもらえる、さらに出会いの日から自分の名前を呼んでもらうと、子どもたちは

「このクラスが自分の居場所になるんだなぁ」

と認識を始めます。はじめてのクラスは楽しみもいっぱいですが、同時に不安も大きいもの。それは、環境も違う、友達も違うということがありますが、何より担任の先生が違うということが大きな要因となるのです。

その先生から名前を呼んでもらうことが、子どもたちにとって大きな安心へとつながっていくことは言うまでもありません。

名前を呼んでつながりを生む

先生がある子の名前を呼ぶ場面。その瞬間にその子の名前を聞いているのは、その先生だけでしょうか。決してそうではありません。先生がだれかを呼んだときには、

周囲の子どもたちも、先生が名前を呼ぶ声を聞いている

ということになります。何気ない場面ですが「今回のクラスには○○さんがいるんだ」「○○さんとはまた同じだな」「○○さんははじめてだな」という思いをもたせることがで

きるのです。

実際にどのように名前を覚えるか

では、具体的に子どもたちの名前をどのように覚えたらいいのでしょうか。子どもたちからすると、先生の名前を覚えるのは、たった1人覚えればいいのでたやすいことなのですが、先生側からすると30人とか40人の子どもたちの名前を覚えなければいけないので、なかなか大変なことになります。

私は、出会いの日から子どもたちの名前を覚えるために次の二つのことをしています。

一つ目は、ありきたりですが、

基本的に出席番号順に最初の座席を配置する

ということです。男女の差や様々な理由から完璧に出席番号順にはならないかもしれませんが、できるだけ出席番号順にします。それだけで、五十音を頼りに子どもの名前を呼ぶことができる環境をつくることができます。

もう一つは、

実際に声に出して子どもの名前を呼びあげる

ということをしています。名簿などを眺めるだけではなく声に出すという活動が大切です。時には、子どもたちの名前を実際にペンで書くこともしていました。なお、名前を呼ぶことは年度はじめだけが大切なわけではないことも押さえておきましょう。

子どもたちを観察してみる

観察こそよりよいつながりづくりの第一歩

本書のテーマは「子どもとつながりをつくる」ことです。「子どもとつながりをつくる」と聞くと、おそらく「子どもたちと、どうコミュニケーションを取るか」「子どもたちとどう仲良くなっていくか」といったことを連想する人が多いのではないでしょうか。もちろん、それも大切なのですが、その目的を達成するためには、何が最も必要なのかを考えてみましょう。

実は、直接的にコミュニケーションを取る前に、大切なことがあるのです。

それが、

相手を観察する

ということです。「観察」というと、ただ見るだけという印象があるかもしれませんが、実は、とても奥の深いことです。心理学においても「観察法」という研究方法が存在するくらいです。

なぜ観察をするのか

観察とは「相手を知るため」に行うものです。極端な話ですが、夏の暑い日に熱いお茶を出しても喜ばれることはありません。そこには状況や相手の様子が存在し、その状況にマッチした対応が求められるのです。(夏の暑い日はもちろん基本的には冷たいお茶がよいでしょう。)

これは、教室でもまったく同じことがいえます。子どもたちとつながりをつくるためには、まず、子どもたちのことをよく観察しなければいけないのです。

昨今は「授業中にトイレに行くこと」が当たり前となりました。もう10年以上も前に

「授業中にトイレに行かせないのは体罰である」という主張が為されるようになりました。実際に、授業中に数十回トイレに行かせなかったことがある（それによって下着を汚してしまった児童もいる）先生が処分を受けている事例もあります。

しかしです。

こういった風潮ができて以来、授業中にトイレに行くことを訴える子が本当に増えました。時には、トイレに行く子が一時間に必ず１人はいる、というくらいにまで多くなってしまうこともあります。

「トイレに行かせないと体罰だから」と、すべてを「いいよ」「いいよ」とやっていると、次のような事態が生まれてきます。

・毎回同じ子が授業中にトイレに行くようになる
・授業終了まで残り数分でトイレに行きたいと言うようになる
・授業開始まもなくトイレに行きたいと言うようになる
・時間差で友達同士がトイレに行くようになる

こうした状況は、「休み時間にトイレに行く」という生活ルールの基本が破綻しているときに起こる現象です。もちろん、休み時間は子どもたちの楽しみであり、ついついトイレに行くことを後回しにしてしまうこともあります。しかし、こうした状況を放っておいてしまうと「授業中、トイレに行くのが当たり前」となってしまうのです。

では、こうしたことを防ぐにはどうしたらいいのでしょうか。それは、「観察する」ことから始まります。

授業中は先生も教えることを中心に何かに取り組んでいることがほとんどです。だからこそ、「トイレ行っていいですか」と言う子どもたちのことをついつい観察しないことが起こってしまいます。

すると、特定の子が何度も行っている、授業終了間際にトイレを申し出る、ということがあっても気が付くことができず、問題に対処できなくなってしまいます。

また、逆も然りです。いくら終了間際といっても、限界まで我慢をしてトイレを申し出ている可能性もあります。その見極めも「観察」からスタートします。相手の状況を知ることがよりよいコミュニケーションにつながることを押さえておきましょう。

自己紹介カードで知る

自己紹介カードに何を書かせるのか

新学期を中心に「自己紹介カード」に取り組む学級は多いのではないでしょうか。この自己紹介カードも、子どもたちとつながりをつくるための大切なツールになります。ただし、意図もなく「去年やっていたものだから」という理由では、まったく効果を発揮しません。きちんとした意図を担任がもつ必要があります。では、どのように意図をもてばいいのでしょうか。それは、

担任が知りたいと思う項目を自己紹介カードに盛り込む

ということです。自己紹介カードを通じて、担任として何を知りたいのか、それをしっかりともつようにしましょう。

例えば、私は次のような要素を自己紹介カードに入れるように意識をしてきました。

・習いごと　・好きな食べ物　・好きな教科　・がんばっていること
・○年生でがんばりたいこと　・こんなクラスになったらいいな　・みんなに一言

もちろん、学年や学級の実態に応じて、その他の項目もプラスされることもあるでしょう。ただ、私は右のような項目はできるだけ入れるように意識して自己紹介カードを作成してきました。（自己紹介の時期でなくても、これらの項目を担任として気にかけておくことは大切です。）なぜ、それぞれの項目を大切にしているのか、順に解説していきます。

・習いごと

現代の子どもたちは、本当にたくさんの習いごとに通うようになりました。それ自体の良し悪しをジャッジするのではなく、子どもたちの実態をしっかりとつかんでおくことが、何より大切なのです。中には、平日に長時間の習いごとや複数の習いごとに行く子もいます。そうした実態をつかんでおくことで、会話のネタになることはもちろん、その子自身の体調について知ることにもつながります。（習いごとの影響で睡眠不足になっているケースもあります。）

・好きな食べ物

食べ物はだれもが関係のある、最も話題にしやすいものです。子ども自身も書きやすいですし、会話のハードルも低くなりますので、ぜひ項目に入れておきましょう。

・好きな教科

その子のがんばっている教科は何かを知っておきましょう。そうすることで、その子はどの教科で活躍したいと思っているのかも把握することができます。

・がんばっていること

学校の内外を問わず、その子ががんばっていることを知ってあげましょう。その子のがんばっていることは、今のその子のアイデンティティに他なりません。ぜひ、会話にもつなげてあげたいところです。

・○年生でがんばりたいこと

昨年までの子ども自身のがんばりや課題を考えて書くことが多いです。なぜ、それを書いたのかを想像してあげましょう。

・こんなクラスになったらいいな

今回の学級の子どもたちが、何を望んでいるのかを把握するためです。学級目標などにもつなげることができるでしょう。

・みんなに一言

自己紹介カードを通じて、学級全体とのコミュニケーションの場にもなります。掲示物を通じて対話が生まれる仕掛けになりますので、ぜひ取り入れてください。

子どもたちとのおしゃべりを通じて知る

職員室で考えるおしゃべりの大切さ

子どもたちとのおしゃべりはとても大切な時間です。大人の世界でいうと「雑談」ということになるでしょうか。大人の世界でも雑談はきわめて大切な効果を発揮します。

職員室を想像して考えてみましょう。

学校全体の組織がうまくいっているときには、職員室での雑談が絶えません。放課後になっても、先生同士の対話が続き、いつもにぎやかな雰囲気になっています。その会話の内容は、仕事の内容もあれば、プライベートの内容もあったり、本当にどうでもいいと思えるようなおふざけの内容もあったりします。

しかし、この空間はとても大切です。その理由はというと……

①先生同士のつながりが強くなる
②先生たちのストレスが軽減され、幸福感が上がる
③仕事のアイディアがわきやすくなる
④本当に困ったときに相談しやすい雰囲気になる

私自身、これまで過去には、両極端な学校に勤めたことがあります。一方は、本当ににぎやかで先生たちの仲も良く、明るさが絶えない学校。もう一つは、放課後の職員室にはだれもおらず、シーンとなっていて、人がいたとしても一切会話をしない学校。

どちらでよりよい教育が実践されていたかは、説明するまでもありません。

学級における雑談とは

では、先ほどあげた4点を学級に置き換えてみるとどうなるのでしょうか。順番に考えてみましょう。

①子ども同士のつながりが強くなる

先生と子どもたちがおしゃべりを通じて仲良くなっている学級は、子どもたち同士も仲が良くなります。それは、やはりよい雰囲気が生まれ、その雰囲気の中で過ごす子どもたちの間によりよいつながりができるのです。

その雰囲気をつくるには、まずは先生と子どもたちのおしゃべりからです。一日数分で構いませんので、子どもたちと雑談する時間を意識的につくるようにしてください。

②子どもたちのストレスが軽減され、幸福感が上がる

職員室同様、教室でもおしゃべりが活発化することで子どもたちのストレスが軽減されることが期待されます。よりよいおしゃべりが生まれている空間では、安心して過ごすことができるものです。そして、その安心は幸福感へとつながっていきます。「このクラスは雰囲気がいいなぁ」と言うだけで、子どもたちの満足度は上がっていきます。

ただし、一部の子どもたちだけで盛り上がっているような雑談では、逆に一部の子どもたちがストレスを感じてしまいます。そのことを忘れないようにしましょう。

③アイディアがわきやすくなる

係活動はもちろんのこと、子どもたち自身の学習活動などへのよりよい影響も期待できます。仲が良くつながりのある学級は、どんどん自分たちでアイディアを出していきます。それは、子どもたち同士が安心しておしゃべりをするからであり、様々な情報が飛び交っている状態であるからといえるでしょう。

逆におしゃべりが沈静化している学級では、残念ながらよりよいアイディアや企画は生まれてきません。

④本当に困ったときに相談しやすい雰囲気になる

いつも先生とおしゃべりをしているからこそ、子どもたちは何かあったときに「先生に相談しよう」と思えるのです。普段は何も話していないのに「大事なことだけ話そう」とは、大人も子どももなりません。普段のおしゃべりが大切な会話も生み出すのだと知っておきましょう。

子どもの中にいる子どもを知る

子どもの世界を知る努力を

私たちが子どもたちを見るときは、ついつい私たちを含めたその子を見てしまいます。つまりは、学級担任が存在している中のその子、ということです。

一方で、子どもたちは子どもたちだけの世界でも生きています。当然ですが、学級担任がいるときのＡさんと、学級担任がその場におらず、子どもたちだけで過ごしているときのＡさんとでは違った面を見せるのです。

私自身も、これまで16年間５００人近くの子どもたちを担任してきた経験上、「学級の中では真面目な存在だけれど、子どもたちの中に入ると違った面をもつ子」と多く出会ってきました。「え？　この子がそんなことをするの？」と驚いた経験も何度もあります。

それくらい、子どもたちは子どもたちだけで過ごしている中の自分が存在するということです。

では、そのような子どもたちをどのようにして見ていけばいいのでしょうか。

まず、大切なことは

そういった子どもの姿を受け止める

ということです。

ともすれば「担任の前だとやらないのに、どうしていなくなるとやってしまうんだ」と憤りを感じてしまうこともあるかもしれません。しかし、それが子どもなのです。まずは、そのような子どもたちのことを受け止めてやりましょう。子どもたちの世界で過ごしているときのその子、が確かに存在するのです。

そして、次に大切なことがあります。

子どもだけの世界にいるその子を知ろうとすること

これも、とても重要なことです。

子どもたちの世界にいる子どもたちとは、なかなか出会うことはできません。担任の先生自身がその空間にいるだけで、子どもだけの世界にいるその子と出会うことは叶わないからです。とはいえ、こっそりその世界を見ることなどできません。

いったいどうすればいいのでしょうか？

そうした子どもたちを知るための、三つの方法があります。

①休み時間の子どもたちの様子を少し遠くから観察する

少し遠くに先生がいるとき、おそらく子どもたちは先生の存在を忘れていることでしょう。そんなときに意識的に子どもたちの様子をキャッチするように心がけるのです。もし、何気なく会話が聞こえてきたときには、その声に耳を傾けてみましょう。

すると「この子たちはこんな会話をしていたのか」という発見があるはずです。その発見こそ、子どもたちの世界で行われている子どもたちだけの会話なのです。そのような場面を知ることで、その子への見方がさらに広くなっていきます。

②子どもたちの遊びに入ってみる

遊びの中では、授業では見られない子どもたちの姿が見られます。そこには、先生がいるにしても、子どもたちは子どもたちの世界で過ごしているといえるでしょう。遊びの世界は子どもたちの世界です。その中に先生が飛び込んでいっているわけです。遊びでの子どもたちの様子や会話を観察するようにしてみましょう。

③子どもたちに聞いてみる

例えば、放課後、公園などで遊んでいる様子について、時折子どもたちに聞いてみます。そこでも、教室の中にいる子どもたちの様子とは違った姿について聞くことができるかもしれません。放課後の子どもたちがどのような様子なのかを知ることも、子ども理解へとつながっていきます。つながりをつくることは相手を知ることから。ぜひ、子どもたちだけのときの子どもの姿に意識を向けてみてください。

先生たちから教えてもらう

「子どもたち」の捉え方を変化させる

最近は「チーム学校」という言葉が盛んにいわれるようになりました。それに伴い、高学年の教科担任制がスタートしていたり、教科担任制を中学年からもスタートしようという動きが見られたりしています（執筆時現在）。

これまでの小学校のイメージは「１人の担任の先生がすべての授業を教える」というものが一般的でした。一週間のほとんどすべての授業を担任の先生で行う――そんなことから「学級王国」という言葉が生まれ、「〇〇学級」（田中学級、山田学級など）と、担任の先生の名前がそのまま学級名として呼ばれるようなことも多かったのです。

ただ、そのように１人の先生が30〜40人の子どもたちを見ることに限界が来ているのだといえます。それは、やはり時代の変化が大きいでしょう。

昨今は「多様化の時代」と呼ばれるようになりました。時代が進むにつれて、社会で暮らすたくさんの人たちの違いを知り、認め合っていこうという大きな流れです。これは、大人だけでなく子どもたちにも同様のことがいえるのです。

では、多様化する子どもたちをどのようにして受け止めていけばいいのか。それは、

できるだけ子どもたちに関わる教員の数を増やす

ということです。小学校の教科担任制は、働き方改革の面もありますが、子どもたちを見守る学校体制も変化させる効果があるのだといえます。

高学年ともなると、女子は生理が始まる時期になります。最近は、学校の性教育も定着しつつあり、学校で生理について指導することがほとんどになってきました。

一昔前は、小学校の現場というと、そのほとんどが女性でしたが、昨今は男性の採用も徐々に増えてきており、男性：女性が４：６というデータもあります（文部科学省、

２０２１)。つまりは、男性担任も徐々に増えつつあるわけですが、年ごろの女の子が男性の先生に自分の身体のことを相談しやすいとはいえないでしょう。

昔ながらの学級王国のままでは、子どもは先生に何か相談したくてもできないまま時間が過ぎるのを待つことしかできませんが、教科担任制など、複数の先生が子どもたちに関わることでその状況が変わってきます。

子どもたちは、自分たちのもつ問題に合わせてどの先生に相談するのかを選ぶことができるようになっています。つまり、担任の先生が男性でも、身体のことで相談したければ、例えば算数を教えてくれている女性の先生に聞けばいいわけです。もちろん、男性の先生が頼りにされる場面も多くありますし、男性・女性ではなく、その先生の個性に合わせて子どもたちも相談に行くものです。

そうなってくると、どのようなことが生まれてくるのか。もちろん、子どもが担任外の先生のところに相談に来たときには、その先生は担任の先生に報告に行きます。

つまり、そうして先生同士の対話が自然に発生するのです。

子どもたちは、担任の先生だけでなく、いろいろな先生に関わって生活をしています。

・専科の先生
・支援員の先生
・保健室の先生
・校長先生や教頭先生

まだまだ他にもたくさんの先生がいることでしょう。そして、子どもたちはその先生たちに合わせて自分というものを出しています。

ぜひ、たくさんの先生に、自分の学級の子どもたちの様子を聞くようにしていきましょう。そうすることで、子どもたちの多様な面を知ることができるようになっていくのです。

ある小学校の先生は、学級担任を離れて専科教員として子どもたちと関わっていたとき、ことあるごとに子どもたちの様子について雑談を通して情報を集めていたそうです。

授業を通して見えてくる子どもたちの様子と、雑談を通して見えてくる子どもたちの姿の両面から捉えることで「子どもたちのことを立体的に捉えていた」と表現していました。

子どもたちの姿を立体的に捉えていく。これからの時代、さらに求められる能力だと思っています。

職員室の資料から知る

職員室で見るべき資料とは

子どもたちとつながりをつくるためには、まず子どもたちのことを知ることが大切です。そして、子どもたちのことを知るための要素が、実は職員室にも隠されているのです。

私は次のものにいつも注目するようにしています。

指導要録

指導要録は数ある書類の中でも一級にあたるくらい重要な書類となります。では、そのような一級品の書類から、どのような情報を読み取ればいいのでしょうか。

指導要録で何を見る？

私は、指導要録で次のような要素を見るようにしています。

・学業成績
・総合所見欄
・転入歴
・担任経歴

順に、私なりに見ている視点を解説していきます。

・学業成績

指導要録に記載されている学業成績はおおまかなものしか見取ることができません。（指導要録は小学校の場合、３段階表です。）しかし、おおまかだからこそ、わかることがあります。特に、成績が「C」となっている子どもは注意して見るようにしています。担任歴もそうですが、指導要録のよいところは、入学してからのデータがまとめられているところです。ずっとCが続いているのか、前年度だけなのか、途中だけなのか、といった経緯も見るようにしましょう。子どものこれまでの経緯をつかむことができます。

・総合所見欄

前年度までに、どんなことを注目して評価してもらっているのかを把握するようにしてみましょう。「やっぱり」というものもあれば「意外だな」と思うものもあるかもしれません。やっぱりというものは、今年も強みとして伸ばしていってあげるといいでしょうし、意外だと感じたことは、今の学級ではその子の力として引き出しきれていないのかもしれません。過去の担任の先生が、その子のどんなところを見取ってきたのかを探ってみましょう。

・転入歴

実は「え？　この子、転校生だったんだ！」と驚くことはよくあることです。それは、今の学校や学級に慣れ親しんでいる証拠なのでとてもよいことなのですが、やはり転入生であるということは、忘れずに配慮したいところです。子ども自身よりも保護者の方が心配していることもあるでしょう。

ぜひ、チェックしておいてください。

・担任経歴

こちらも私はチェックするようにしています。特に多いのが（私の経験上）「はじめての男性の先生で……」というものです。高学年を担任するときにはあまり気が付かないものですが、それまでずっと女性の先生で、男性の先生に困惑していました……、ということはよくあることで、それもこちらが知っているかどうかで大きな差が生まれるものだからです。また、どんな先生が子どもたちに関わってきたのかを知ることも、案外大切なポイントとなるので、押さえるようにしておきましょう。

座席表で子どもたちとの一週間をふりかえる

座席表の活用でつながりを可視化する

もと東京都公立小学校教諭であり、教員団体ＴＯＳＳを創設した向山洋一先生は、『教師修業十年』（明治図書、１９８６）の中で、「放課後の孤独な作業」というものについて書き記しています。これは、放課後、子どもたちが下校し、だれもいなくなった教室で、子どもたちの机を見ながら「今日のこの子の様子」をひたすら思い出すという作業です。

向山先生は、放課後の孤独な作業を始めても、はじめはなかなか具体的な場面を思い出すことができなかったり、ある子だけはどうしても何も思い浮かばなかったりしたということを書いています。つまり、このような作業を始めたときは、一人一人の子どもたちと、具体的にどのような教育を生み出したのかをはっきりとつかめなかったというわけです。

それが、毎日継続して行うことによって、今日はこの子とこんな会話をしたとか、授業中のある場面でこのような発言をしていたなど、だんだんと詳細に思い出すことができるようになったということです。

向山先生の「放課後の孤独な作業」は、つまりは児童理解の精度を高めるための時間であったといえます。具体的な座席というものを活用して、ご自身を高めようとされたその姿には、感服するしかないでしょう。

向山先生は、歴代の教育者の中でも最も書籍を残した偉大な先生です。向山先生だからこそ、記憶をたどることができたといっても過言ではありません。

では、私たちはどうすれば、向山先生のように児童理解を進める手立てをもつことができるのでしょうか。

そこで活用できるのが、座席表を活用するという方法です。

向山先生のように頭の中ですべてを処理することはかなり難易度の高いことですが、一人一人の様子を書いていくことはなんとかできるのではないかと思います。

また、毎日でなくとも

週に一度、座席表に一人一人へのコメントを残していく

ということもできそうです。（さすがに毎日行うのは時間的にも厳しいでしょう。）

最近は、教師教育の分野も注目され始めています。そこでは、「自分自身を高めることのできる教師」、つまりは「反省的実践家教師」が求められているのです。

子どもも大人も同じですが、自分の力を自分で高めていくためには何が必要なのか。それは、

メタ認知の力

といわれています。

つまり、自分のことを自分でできるだけ詳しく知るということが求められています。

自分のことを自分で知ると何がよいのか。それは、

自分で自分の改善点や強みを発見できるから

です。改善点を知れば改めようと思いますし、強みを知れば、それを活かそうとします。そうして、自分の力を自分で高めることができるようになるわけです。

その反省的実践を「座席表への書き込み」を通して積み重ねることができます。

自分は一週間、どのように過ごしていたのか、何を成果として上げることができたのか、改善点や手を付けることができなかったことは何か――そんなことが、座席表に週に一度書き込むことで見えてくるわけです。

書き込む内容は、どんなことでも構いません。その子との会話、支援したこと、その子の意見、活動の様子……。その子について気になることをどんどん書き込んでみましょう。

きっと、書き込みながら思わぬ発見や継続した気付きが生まれるはずです。

子どもたちとのつながりを可視化するためにも、ぜひ取り組んでみてください。

子どもの事実から子どもを知る

いつも子どもの事実から出発する

私たちは、教員として様々な研修の場に出かけたりいろいろな理論を聞いたりします。そこで、「なるほど」と思ったり「これは使えそう」と思ったりすることにもたくさん出会います。そういった理論やノウハウはどんどん取り入れていくべきですし、活用していくといいでしょう。

ただ、どんなときも忘れてほしくないことがあります。それは、

子どもの事実から出発する

ということです。どれだけ優れた理論でも99％うまくいくノウハウでも、目の前の子どもの事実にかなうものはありません。それが、現場で教育をするということですし、（理論を否定するわけではありませんが）現場は、もっと複雑性と即興性をもった場所であるといえます。

だからこそ「子どもの事実」を外さずに、子どもたちとのつながりをつくってほしいなぁと思います。

「子どもの事実を見る」とは

では、ここでいう「子どもの事実を見る」とはどういうことなのか。

私の考える子どもの事実を見ることとは、

多面的に子どもを捉える

ということです。つまりは、いくつかの視点をもって子どもの事実を見ていくということです。そこで、三つの視点を紹介します。

①子どもの中に入って見てみる

私は、時に

ぬいぐるみを着るようにその子の中にすっぽりと入ってみる

ということをイメージして考えています。例えば泣いている子がいたとします。先生も周りの子どもたちも「なんでこんなことで泣いているんだろう」と不思議に思っている場面です。「なんでだろう」とわからなくなったときには、その子の中にすっぽりと自分自身が入ってみるのです。すると、「だから、悲しんでいたのか」ということに気が付くことができます。

つまりは「主観」で見るということです。

②ドローンになって見てみる

ぬいぐるみが主観であれば、ドローンは客観です。問題になっている場面などを、ドローンになってちょっと遠く、上の方から見るようにするのです。

すると「ちょっとわがままを言いすぎだな」とか「別の視点もありそうだな」と、視野を広げることができます。子どもたちの話を聞きすぎると、先生自身も入り込みすぎてしまい、正しい判断ができなくなってしまうこともあります。そうした事態をドローン的に見ることで防ぐことができるでしょう。

③第三者の視点から見てみる

話をしているときには、その場の状況にとらわれがちです。そこで「もし、○○さんだったら」という視点で見てみるのです。もし、お母さんだったら、もし、校長先生だったら……などと、その状況を見る人を変えてみましょう。新たな気付きが生まれます。

確かな対応が確かなつながりを生みます。子どもの事実を多面的に捉えてください。

保護者から子どもたちのことを教えてもらう

保護者を通じて子どもたちのことを知る

子どもたちのことを知るために欠かせない存在があります。それが

保護者

です。改めて言うことでもありませんが、子どもたちの育ちは基本的に家庭にあります。つまり、子どもにとって、家庭は小さな社会であり、はじめて出会う社会であるともいえるでしょう。

家庭における社会で特徴的なことは、

連続性をもっている

ということです。

学校と家庭を比較してみると、特に小学校の場合は、学級担任の影響が強いわけですが、6年間同じ先生がある子を受け持つということはありません。昨今は毎年クラス替えが行われ、連続して同じ先生に教えてもらう機会はかなり少なくなったといえるでしょう。

ただ、家庭は違います。生まれたときから現在に至るまで、基本的に保護者は変わりません。よって、その影響がかなり強く反映されます。

家庭から影響を受けているものの一つに

価値観

があげられます。

学校には様々な子どもたちが通学しています。元気な子、集中できる子、運動が好きな子、読書が好きな子、おおらかな子、ちょっと心配性な子……。

また、友達との勝ち負けにこだわりが強い子や、成績に敏感な子がいます。

それらの子どもたちのキャラクターや価値観をつくることに、家庭は強く影響しているといえるのです。

保護者を通じてどのように子どもたちのことを知るか

そのように考えると、家庭で子どもたちがどのように過ごしているのか、保護者が子育てで大切にしていることは何か、といったことを私たちは積極的に知ろうとする姿勢が大切です。

では、学校では、どのような機会に保護者と連携を取ることができるのでしょうか。

・家庭訪問
・学級懇談会
・個人懇談会
・日々の連絡（電話や面談）

といった場面があげられます。そのどれもが子どもたちのことを知るうえで大切な機会になります。その際は、次のような質問を保護者の方に投げてみてください。

「〇〇さんはお家ではどのように過ごしていますか？」
「お家で大切にされていることはどのようなことですか？」

そんな質問をしながら、何か具体的なエピソードを聞き出すことができれば、なおよいと思います。学校外の子どもたちの様子をより知ることができる機会になるでしょう。
保護者と教員の関係は時に話題に上ったり先生方のストレスになったりすることもありますが、怖気付かず、積極的に情報を取りに行くようにしてみてください。

第３章　安全・安心な教室環境をつくる

環境が「つながり」に与える影響

アフォーダンスを使いこなす

みなさんは、次の言葉を聞いたことがありますか。

> **アフォーダンス**

アフォーダンスとは、その場の環境が私たちに働きかけてくるメッセージのことです。例えば、コップに取っ手があれば、説明がなくともつかむものだとわかりますし、椅子に背もたれが付いていれば、背中をつけて休めるものだとわかります。

さらには、コンサート会場のようなたくさんの人がいるところで音楽が鳴っていれば

「ここは騒いでも大丈夫」となりますし、図書館の自習スペースでみんなが静かに学習に取り組んでいたら「ここは静かにしなければいけない」ということに気が付くことができます。

このように、私たちの周囲の環境は何らかのメッセージ性があり、私たちに影響を与えています。その影響をうまく子どもたちとつながりをつくることにつなげていきましょう。

机配置の工夫でつながりを生む

子どもたちが一日の中で大きく影響を受けるものの一つに「机配置」があります。

例えば、学校の中では次のような机配置を活用することがあるのではないでしょうか。

- 先生の方をみんなが向く（一斉授業型）
- グループで何か課題に取り組む（班の形）
- 前方2列が真ん中を向き合う（議論型）
- みんなが机を中央に向ける（ドーナッツ型）

このように机配置をうまく組み合わせることで、「今は何を大事にする時間なのか」ということを子どもたちに伝えることができます。それぞれ、簡単に解説してみます。

・先生の方をみんなが向く（一斉授業型）

前に立つ人の話を全員が同じタイミングで同じように聞く時間。最もオーソドックスな配置でしょう。みんなが同じ情報を得ることができることがポイントです。

・グループで何か課題に取り組む（班の形）

こちらもよく使われているでしょう。この時間は、前に立つ人の話を聞くというよりは、グループで協力して何かをするということが子どもたちにも伝わっています。よって、このままの形で先生から何かを一斉に伝えようとしても伝わりにくいものです。

・前方2列が真ん中を向き合う（議論型）

前方2列のみが、左右に分かれて中央に机を向け合うことによって、全体の状況と黒板との両方を見ることができます。「みんなで話し合いながら学習を深めていく」というメッセージが生まれます。

・みんなが机を中央に向ける（ドーナッツ型）

全員が机を教室の中央に向けます。前列の真ん中の子は180度回転させることになります。議論型よりもさらに顔を見ながら話をすることになり、子どもたちにも「みんなと話し合うことを大切にする」というメッセージが伝わるでしょう。

また、子どもたちのつながりを活性化させるためのアイテムとして「ホワイトボード」があります。ホワイトボードの特徴は、書きやすいことといつでも消せることです。つまり、ホワイトボードを介して子どもたち同士が話し合う場面を生むことができるのです。

私は、グループごとや係活動ごとに小さなホワイトボードを渡していました。ホワイトボードを渡すことで、子どもたちは書きながらいろいろなつながりをもち始めます。このように**環境にちょっとした工夫を入れることで、子どもたち同士のつながりを強めることができる**のです。

まずは心の安心をつくる

心の安心は先生がつくる

子どもたちがつながりをつくるために、絶対に欠かせないことがあります。それが

心の安心をつくる

ということです。**自分たちのコミュニティの中に、心の安心があるからこそ「つながりをつくろう」という気持ちを子どもたちはもつことができる**のです。

では、どのようにしたら子どもたちが心の安心をもつことができるのでしょうか。また、だれがその環境をつくるのでしょうか。

心の安心は、**先生がつくる**ことが鉄則です。そのうえで、子どもたち同士がつながりをもとうとすることができるのです。

では、どのようなことを大切にすることが、子どもたちの心のつながりをつくることにつながるのでしょうか。本章のこの後に続いていく要素ももちろん大切ですし、次のことが大切になってきます。

プロアクティブな生徒指導
リアクティブな生徒指導

これらの言葉は、令和4（2022）年12月に改訂された「生徒指導提要」に掲載されている重要な言葉です。それぞれの意味について確認しましょう。

プロアクティブな生徒指導…
課題が発生する前に、日常的に行う生徒指導

リアクティブな生徒指導…
課題が生じた後に、できるだけ早く、継続的に行う生徒指導

これまでの生徒指導では、どちらかというと「リアクティブな生徒指導」ばかりが中心とされてきましたが、昨今の学校現場では、プロアクティブな生徒指導が大切であるといわれています。

私は、例えば次のようなことを大切にしています。

何か問題が起こったときに、どのように対処するのかを子どもたちに伝えておく

学校で過ごしている中では、ほとんどの場合、何らかの問題が起こります。子どもたち同士ケンカをしたり、意見がかみ合わなかったりすることがあるものです。

そうしたことに対して、問題が起こる前に「問題が起こったらどうしたらいいのか」を伝えておくのです。

具体的には、次のように子どもたちに指導をしています。

- **何か困ったことがあったら先生に伝えること**
- **休み時間に起こったことは、基本的に休み時間を使って解決すること（授業中に話し合いをしない）**
- **椅子に座って順番に思いを話していくこと**

このような手立てを伝えておくだけでも「心の安心」につながっていきます。

先生こそ最大の教室環境である

どんな先生がよりよい環境をつくるのか

94ページで述べたとおり、教室環境は子どもたちに大きな影響を与えています。教室のロッカー、物、そして教具と様々なものがありますが、子どもたちにとって最大の教室環境とは何でしょうか。それは、やはりなんといっても

先生

です。

子どもたちにとって、先生の影響は本当に大きく、先生によって教室の雰囲気が左右さ

れるといっても過言ではありません。

例えば、次の二人の先生を比べると、教室の雰囲気はどのように違うと予想しますか。

毎日、ニコニコ笑っている先生

毎日、ニコリともしない無表情の先生

どちらの教室が、どのような雰囲気なのかは明白でしょう。

毎日、ニコニコ笑っている先生の教室では、子どもたちも明るく過ごしていそうです。「先生～」「先生～」と言いながら、先生の周りにたくさん集まっているだろうなぁと想像します。そして、子どもたちもニコニコしているのだろうなぁと思えます。

では、ニコリともしない先生はどうでしょうか。

子どもたちは、それぞれで自分のことをさっさと済ませている気がします。また、先生

の周りにはだれも寄り付かない様子。朝の会が始まっても、しんどそうな雰囲気が教室全体を覆っている――そんな感じがします。

ここで改めて言いたいことは、

先生こそ最大の教室環境である

ということです。このことを、しっかりと押さえておきましょう。

自分が最高の教室環境になるために

では、自分が最高の教室環境になるには、どうすればいいのでしょうか。一つは、

体調を整えて自分の状態をよりよくすること

です。子どもたちの前で笑顔でいようといっても、昨夜の睡眠が2、3時間で疲労困憊では、笑顔になれるわけがありません。なっていたとしても、それはつくり笑いであって、

子どもたちに見透かされてしまうでしょう。

ビジネスの世界には「大切な人に会う前夜はよく眠ることが、相手への礼儀である」という言葉があります。大切な人に会う前に自分の状態をよりよくしておくことが求められているのです。

私たちは毎日、大切な子どもたちと会う仕事をしています。自分の寝る時間を削ることのないよう、よりよい睡眠を取って、日々出勤しましょう。

もう一つは、

楽しいから笑うのみならず、笑うから楽しい

ということを意識することです。

体調を整えていても、嫌な事実やつらい思いに直面することもあるかもしれません。そんなときも、子どもたちの前に立つときには、一旦、この言葉を思い出してほしいと思います。笑顔をつくることが、自分の状態を上向きにしてくれるきっかけとなっていくのです。

しっかりとしたルールが「つながり」を生む

ルールの意味を問い直す

みなさんは、次のことに気付いているでしょうか。
実は、

しっかりとしたルールが、子どもたちの「つながり」を生む

のです。それはどうしてなのでしょうか？

「つながり」という言葉を聞くと、「自由」「のびやか」など、縛りがあるものよりも、むしろ逆をイメージする人が多いのではないかと思います。
しかし、実は**「つながり」をつくるためには、一定のしっかりとしたルールが必要**です。

子どもたちの世界に目を向ける

ここで、子どもたちの世界に目を向けてみましょう。子どもたちの世界というのは、お互いにやさしくし合いながら助け合うという側面ももちろんあるのですが、時に「わがまま」などから、子どもの世界が揺らぐことがあります。

そのように揺らいでからも、さらに状態が同じように進んでいくと、やがて「わがままを言う人」と「わがままを言わない人」という分断が起こります。そのような状態が続くと、一定の子どもからは「それはよくないじゃないか」という声が上がり始めるものですが、そうはいっても子どもたち同士では、

弱肉強食

で、物事が決定してしまうことが少なくありません。

そうなると、力の強い者は思いどおりに物事を進めることができ、そうでない者は、いつも自分たちの自由はなくなってしまいます。それは、

一定のルールが存在しないから

に他なりません。ルールがない、秩序がない世界では、弱肉強食の側面が強く出てしまい、まったく安心してつながりをつくることができなくなってしまうのです。（学級崩壊ともつながっているといえます。）

ルールの意味を改めて問い直す

ここで、ルールの意味を問い直してみましょう。
なぜ、私たちはルールをつくるのでしょうか。それは、

私たちが生活しやすくするため

であることは、間違いありません。ルールは私たちにとって便利なものだからこそ生み出すのであり、不要であればつくる必要がないのです。

そして、一定のルールがあり、それが守られている状態があるからこそ

安全が生まれ、安心してつながりをつくることができる

ようになるのです。このことをしっかり覚えておきましょう。

最近は「ルールを子どもとつくる」ことも注目され始めています。何か問題が学級で起こったときには「どんなルールが私たちに必要なのか」ということを子どもたちに投げかけてみるのもいいかもしれません。

「ととのう」が子どもたちを安心させる

教室の「ととのう」とは

「ととのう」といえば何を連想しますか？　私は、今ですとやはりサウナを連想します。熱いサウナに入った後に、冷たい水風呂に入る、そして休憩をすることによって「ととのう」わけです。そして、このととのう時間が最高に気持ちのよい時間になる――ということで、人気なわけです。サウナにおける「ととのう」はこのようにするわけですが、教室における「ととのう」は、どのような状態なのでしょうか。

私の考える教室における「ととのう」は、

小ぎれいな状態を目指す

ということです。

ここでは「小」ぎれいなことがポイントです。どんなことでも同じことがいえますが、特に小学校の先生は

完璧を求めすぎない

ことが大切です。この小ぎれいとは、例えば

・子どもたちの荷物
・床にあるごみ
・教室内の先生の荷物
・その他ロッカーなど

の状態を指しているわけですが、これらを完璧にしようとすると、とんでもない労力が必要です。よく「学級崩壊を起こしてしまう教室は、きれいになっていない」なんていわれるわけですが、これも完璧を求めすぎてしまうと……

少しでも物が乱れていると指導
↓
子どもたちはきれいにしようとするもののできない
↓
その状態に先生がイライラしてまた指導
↓
さらに指導→子どもたちもイライラしてしまう

といった流れを生み出してしまい、これはこれで学級が乱れていく要因になってしまいます。

とはいえ、物が散乱した状態でもいけません。

だからこそ「小」ぎれいを目指すのです。

8割主義を目指そう

では、小ぎれいとは、どれくらいの状態を目指すといいのでしょうか。それは

8割

です。私は、それくらいを心がけるようにしています。野球にたとえると、4割ヒットを打てる人で超人ですので、8割できるということはかなりすごいことです。

もちろん、これは物だけではなく、子どもたちのノートなどの成果物も含みます。子どもたちは、こちらが10割つくった世界で過ごすよりも、少し余白があるくらいの世界で過ごす方が、たくましく育つのだと私は思っています。

だから、教室をととのえることも、小ぎれいを目指すというのが、私はちょうどいいなぁと感じています。その環境が、子どもたちの心もととのえてくれるのです。

言葉の環境をととのえる

大切なものは目に見えない

先ほどの「ととのう」のページでは、主に「物をととのえる」ことについてお伝えしました。

物は、目に見えるものであり、すぐに気が付くことができるので、ちょっと気を付けるようにすれば、比較的簡単にととのえることができます。

一方で、私たちが忘れてはいけないものがあります。それが

目に見えないもの

です。

詩人の金子みすゞさんは、「星とたんぽぽ」という詩の中で、「見えぬけれどもあるんだよ、見えぬものでもあるんだよ。」と繰り返し書いています。同じく詩人の相田みつをさんも、花や枝や幹は見えてもそれらを支えている「根はみえねんだなあ」という言葉を書き残しています。

お二人の詩に共通するのは、「大切なものは目に見えない」ということです。子どもたちをととのえていくうえで、忘れたくない視点です。

大切にしたい、言葉の「ととのう」

では、目に見えないもので大切なものとは何があげられるでしょうか。やはり、私は一番に

言葉

をあげます。

私たちが無意識に使っている言葉というもの。一日に何千、何万語も使用しているともいわれています。子どもたちや先生自身がどのような言葉を使っているのか、今一度、見つめ直したいものです。

これまでも「ふわふわ言葉（プラス言葉）」「ちくちく言葉（マイナス言葉）」といった言葉を活用して子どもたちと言葉の大切さを見つめ直す実践が数多く行われています。

ぜひ、子どもたちといっしょに、自分たちの使う言葉を見つめ直してみてください。

人間関係の環境をととのえる

人間関係をととのえることによる効果とは

先ほどは、見えないものの代表として「言葉」について述べました。

本項では、言葉の環境がととのうことで同時にととのってくる、**人間関係**について考えてみたいと思います。

人間関係をととのえることは、子どもたちのつながりを充実させていくことはもちろん、

学力をはじめとした学級のパフォーマンスを向上させる

ことにも強く影響します。

マサチューセッツ工科大学のダニエル・キム博士は、

成功の循環モデル

というものを打ち出しました。この成功の循環モデルとはどういった組織理論なのかというと、一言でいえば

人間関係の質が結果の質を左右する

というものです。キム博士は、次の四つが組織の成功には欠かせないと主張しました。

・関係の質
・思考の質
・行動の質
・結果の質

そして、これらは循環関係にあり、それぞれの質が高まっていかない限りは、次のステージに進まないと考えたのです。そして、その第一歩を

関係の質

に置いたのです。

関係の質が向上する（安心できる）

←

思考の質が向上する（安心できるから自己を表現できる）
←行動の質が向上する（安心できるから積極的な行動につながる）
←結果の質（安心できる集団で結果を出すから喜び合うことができる）

※（　）内は筆者の私見

キム博士は「思考」「行動」「結果」という三つの要素の前に「関係」をもってきたわけですが、三つの要素は、それぞれ「関係」が土台になっていることがわかります。

思考、行動、そして結果が出たとしても、関係がなければ、すべてはうまく回らないことがわかります。

そして、子どもたちの人間関係をととのえるためには、「言葉」をととのえることが必須です。前項をよく読んで、子どもたち同士のつながりをしっかりとつくってあげてください。

掲示物で「つながり」をつくる

その掲示物のねらいは何か

みなさんの教室にも掲示物があることでしょう。
その掲示物に対して

何らかの意図をもって貼り出す

ことをしていますか？　なんとなく「去年も貼っていたから」「隣のクラスの先生が貼っていたから」という理由で掲示しているものはないでしょうか。

もし、そのような掲示物であれば、貼り出さない方がマシです。スペースも取ってしまいますし、何より掲示物を貼るという作業自体が時間の無駄です。

つまりは、

すべての掲示物に意図をもたせる

ということを目指してほしいのです。

「なぜ、その掲示物を貼り出しているのか？」の問いに対して答えをもつ

ことを意識して掲示物を貼るようにしてください。

掲示物でつながりをつくるために

では、掲示物でつながりをつくるためには、どのようなことが考えられるのでしょうか。

私は、次のような取り組みをしてきました。

掲示することで相互評価の場面を生み出す
掲示することで相互交流の場面を生み出す

まずは、掲示することで相互評価を生み出す場面についてです。これは、子どもたちの成果物を貼り出すことで得られます。習字の作品、図工の作品、時には自主学習ノートや作文、家庭科のエプロンまで、子どもたちが努力をして生み出した成果物を貼り出すようにするのです。

そのような成果物を掲示するとどうなるでしょうか。

子どもは、子どもたち同士で、それぞれの作品のよさや工夫を交流するようになります。「○○さんは色の塗り方がていねいだね」「××さんのエプロンはポケットが工夫されているね」などです。

このように、掲示物を貼り出すだけで、どうして相互評価をすることが可能になるのでしょうか。それは、子どもが

自分自身も作品づくりに力を注いだ

という経験をもちあわせているからです。だからこそ
「ここは自分も苦労したなぁ。わかるなぁ」
「自分はこんなふうにできなかったなぁ。〇〇さんはすごいなぁ」
という苦労への共感が生まれるのです。

次に、相互交流を生み出す場面についてです。

例えば、自己紹介カードやそれぞれがつくった作文などを掲示すると、子どもたちは自然に「〇〇さんって××が好きなんだね」「△△さんは、こんなお話をつくったんだ。どうして?」といった対話をし始めます。

一つの掲示物から、評価と交流、どちらが生まれるのかを考えながら掲示してみてください。

いじめは許さないと宣言する

いじめに関する二つの大きな施策

２０１１年に起こった「大津市中２いじめ自殺事件」がきっかけとなり、いじめが大きな社会問題となりました。この事件を契機に、

いじめ防止対策推進法（平成25（２０１３）年）

がつくられました。この法律は、

いじめの防止等のための対策は、いじめが全ての児童等に関係する問題であることに

鑑み、児童等が安心して学習その他の活動に取り組むことができるよう、学校の内外を問わずいじめが行われなくなるようにすることを旨として行われなければならない。（第三条）

と、学校の内外を問わず絶対にいじめを許さないという基本理念を示しています。

また、

学校及び学校の教職員は、基本理念にのっとり、当該学校に在籍する児童等の保護者、地域住民、児童相談所その他の関係者との連携を図りつつ、学校全体でいじめの防止及び早期発見に取り組むとともに、当該学校に在籍する児童等がいじめを受けていると思われるときは、適切かつ迅速にこれに対処する責務を有する。（第八条）

と、当然ではありますが、学校がいじめ防止に密接に関わるよう、はっきりと明文化されています。

もちろん、いじめ防止は学校だけで行うわけではありません。子どもたちの近くにいる保護者にも、次のようにいじめ防止の姿勢が求められています。

> 保護者は、子の教育について第一義的責任を有するものであって、その保護する児童等がいじめを行うことのないよう、当該児童等に対し、規範意識を養うための指導その他の必要な指導を行うよう努めるものとする。（第九条1）

同条2には、子どもがいじめを受けた場合にはその子どもを保護することもあわせて書かれています。

そして、この法律の特徴は、学校・保護者にいじめ防止を要求するだけにとどまりません。

> 児童等は、いじめを行ってはならない。（第四条）

注目するべきは、法律内で児童に対して行動が要求されていること、さらには、学校は第八条、保護者は第九条となっていますが、児童等は第四条にあるということも注目するべきポイントです。この法律自体が、いじめを直接行ってしまう子どもたちを断じて許さないという決意を示しているのです。

そして、いじめ防止対策推進法のみならず、

「特別の教科　道徳」の設置

が行われました。小学校は２０１８年度、中学校は２０１９年度より教科化が実施されています。これにより、道徳にも教科書がつくられるようになり、学校における道徳授業ならびに道徳教育への意識がより一層高まりました。

このように、大津のいじめ自殺事件をきっかけに、それまで以上に社会的に「いじめは許されない」という風潮が高まっていきました。子どもたちにも、「いじめは絶対に許されない」ということを、はっきりと宣言する必要があります。

98ページで述べたとおり、子どもたちは安心があるからこそ、つながりをつくり出すことができます。その前提を先生がしっかりとつくるようにしましょう。

第４章　子どもたちへの言葉かけを工夫する

言葉かけとは心の栄養素である

植物への水やりから言葉かけを考える

本章では、子どもたちとのつながりをつくっていくために、子どもたちに対する私たち教師の「言葉かけ」について、いっしょに考えていきましょう。

まず、そもそも学校現場における私たちの子どもたちに対する言葉かけとは、

心の栄養素である

ということです。

教育は時に、植物を育てることにたとえられます。
植物が成長するためには、

・水
・日光
・土
・空気

が必要です。1年生や2年生の生活科の授業では、アサガオやトマトなどを育てるのですが、私たちが植物の成長を日常的に促すことができるのが、

水やり

ですね。
土は種をまいた（もしくは苗を植えた）時点でつくられていますし、日光や空気は自然

からの恵みです。

しかし、水だけは人がやらなければ、植物は枯れてしまいます。だから、私たちはていねいに毎日水やりをするのですね。

これは、言葉かけも変わりません。

子どもたちが、**健全に成長できるように、自分の個性を磨けるように、自分のもつ可能性を拓くことができるように、私たちはその支援をするために、子どもたちに言葉をかけていく**のです。

そのようなことが前提にあるので、

子どもたちの成長につながる言葉かけ

をすることは必須です。

教室で過ごしていると、時に叱らなければならない場面や諭してやらなければいけない場面とも出会います。そんなときも

「子どもたちの成長のため」という愛情

を忘れてはいけません。その目的を外さないことが、言葉かけを行う際に、とても重要なことになってきます。

また、私たちは、植物に水をやるときには

適温できれいな水

を与えます。熱されすぎている水や冷たすぎる水、さらには不純物が入っている水は、植物を成長させるどころか、枯らしてしまう要因にもなりかねません。

子どもたちへの言葉かけも同じことがいえるでしょう。

「子どもたちの成長を願ったきれいな心から生まれる言葉かけ」を、常に意識するようにしていきましょう。

子どもたちの感情が動くことを意識する

子どもたちの感情を揺さぶれるかどうか

子どもたちへの言葉かけ。子どもたちが「よしやろう！」「やらないと！」といったように行動につながる言葉かけもあれば、先生から言葉をかけても、残念ながら何も影響のない言葉かけもあります。

同じく言葉かけをしても、このように差が生まれてしまうのはなぜなのでしょうか。

それは、

子どもたちの感情に訴えていないから

です。子どもたちをよりよい方向へ導いていくためには、子どもたちの感情を揺さぶらなければいけません。

そのために、まず次の大原則を押さえておきましょう。

脳は痛みを避けて快楽を得る

と脳科学ではいわれています。つまりは、

マイナス感情を避けるために

プラス感情を得るために

人は行動をするということです。

例えば、漢字テストを例に考えてみましょう。

子どもたちが、漢字テストに向けて「学習をしたい！」と行動にうつすきっかけとなるときは、次のようなことが当てはまるのではないでしょうか。

【マイナス感情】
- ０点を取りたくない
- 親や先生に叱られたくない
- 友達に負けたくない

【プラス感情】
- １００点を取りたい
- 親や先生にほめられたい
- 友達にいい結果を伝えたい

こうして「マイナス（痛みを避ける）」か「プラス（快楽を得る）」のどちらかがきっかけとなって行動にうつすことがほとんどなのです。ですので、このどちらかの感情に訴えて、子どもたちの感情を揺さぶる必要があります。

また私は、次のようにも考えています。

一流の教師は教え上手
超一流の教師はやる気の引き出し上手

ていねいに教えることのできる力は、もちろん大切ですが、子どもたちのやる気に火をつける力は、もっと大切であると思っています。子どもたちには、自分で伸びようとする意欲や可能性があります。それをうまく引き出すことこそ、教師の腕の見せ所です。

ぜひ、子どもたちのやる気を引き出す言葉を意識して、言葉かけをしてみてください。

子どもの眼を見て言葉かけする

「眼」でつながりをつくる

私たちは、子どもたちの成長を願って数々の言葉をかけるわけですが、次のことだけは忘れてはいけません。

言葉は届かなければ意味がない

言葉かけは相手に届いてはじめて成立する

ということです。

では、私たちが子どもたちに確かに言葉を届けるにはどうすればいいのでしょうか。いろいろな方法があるかと思いますが、私は、次のことを大切にしています。

子どもたちの眼を見る

改めて書くほどのことでもない、基本中の基本かもしれませんが、よりよい仕事を生み出すためには、基本をどれだけ押さえられるかがとにかく大切なことです。

（プロ野球チームの監督は、「キャッチボールが野球の基本」とおっしゃるそうです。キャッチボールは投げるだけでなく、打つことも含めた基本というわけです。超一流として戦う人たちこそ、基本を大切にしているといえるエピソードだと私は捉えています。）

人は、どうして相手の眼を見て話をするのでしょうか。

実は、眼とは次のような特徴をもっているのです。

眼と脳はつながっている

眼は脳とつながる唯一の機能といわれています。だからこそ、昔から眼に関する言葉がたくさん残されています。

「目は口ほどに物を言う」「目を見ればわかる」「人の話は目で聴く」など、重要な判断を「眼」に頼ってきたのです。

先生が子どもたちの眼を見ているかどうかで、

真剣に伝えようとしているのかどうかを子どもたちに見極められている

かもしれません。

また、子どもたちの眼を見ることで、真剣なのか、不安なのか、そんなことも私たちは感じることができます。

ぜひ、「眼を見てつながりをつくる」ということを、いつも意識してください。

子どものよい面をどんどん見つける

人間の本能を知る

人間の脳の本能として、次のことがいわれています。

ネガティブなことを見つけようとする

これは、サバンナで繰り広げられている動物たちの世界に目を向けると納得することができるでしょう。

例えば、シマウマなどの草食動物は

立ったまま眠る

という睡眠の取り方をします。これは、どうしてかというと、命を奪おうとする（つまりネガティブな存在である）ライオンなどをはじめとする肉食動物にいつ襲われるかわからないからです。なので、立ったまま眠ったり、一回の睡眠時間を極端に短くしたりする（30分ずつ、一日6〜7回眠る）という体の機能をもつようになりました。

人間でも同様のことがいえます。

例えば、上司から自分の悪口を言われているかもしれないと心配になったとき、私たちは本能レベルでどんなことを考えているのでしょうか。

・もしかすると、待遇を悪くされるかもしれない
・今よりも大変な仕事をふられたらどうしよう
・自分の希望する仕事ができなくなるかも

私たちは、上司に悪口を言われているかもしれないという情報を察知すると、このような思考を働かせます。

そして、

なんとかこの状況を回避できないだろうか

と考えるわけです。つまり、人間にとっても「ネガティブな情報を察知することは、自分の身を守ることである」といえるのです。

意識的にポジティブに目を向ける

このように、私たちは、本能としてネガティブな情報を察知する力をもっています。本能なので仕方のないことなのですが、何も考えずに生活をしていては、ネガティブばかりに目を向けてしまうことになります。

ですので、

意識的にポジティブに目を向ける

ことが大切です。

よく、ポジティブとネガティブの比率に望ましい割合として

8：2

という数字があげられます。**8割よい方を見ようとしているくらいで、ちょうどバランスが取れる**といわれるのです。

教室で子どもたちと過ごしているときには、ぜひポジティブに目を向けてみましょう。ていねいにしている子はだれか、一生懸命に話を聞こうとしている子はだれか、率先して動こうとしている子はだれか、そんなふうにポジティブな姿を見つけ、言葉をかけることができるようにしてください。

言葉かけはシンプルにする

言葉を相手に届けるために

日々、本当に多くの言葉を使って私たちは過ごしています。しゃべろうと思えば、いくらでも話ができてしまうからこそ、気を付けたいことがあります。それは、

言葉数が多くなりすぎ、情報量が多くなりすぎる

ことです。

こうなると、相手にうまく届かないということも起こりえます。相手へ伝えたいというときこそ、言葉をそぎ落とし、シンプルにしていくことが求められるということを心して

おきましょう。

言葉が増えてしまう理由とは

そうはいっても、どうしても伝える側が多くなる私たち教師は、言葉数が多くなってしまうことがあります。

私たちの言葉が多くなりすぎてしまう場面として、

熱意がこもっているとき

が、あげられます。それも、熱意が強ければ強いほど気を付けなければいけません。

私たちは熱意をもっていることに対して、当然「伝えたい」という思いや考えが大きくなっていきます。だからこそ、「もっとここまで」「あれも、これも」と、どんどん伝える内容を深めたり広げたりしてしまうのです。

熱意がこもっているからこそ大切にしたいこと

熱意があることはとても大切なことです。熱意があるからこそ、子どもたちに伝えられるものがあるのであり、そもそも伝えたいという思いがなければ、子どもたちに伝えることすらできません。

しかし、より熱意があるときこそ、

相手にどのようにして伝えるのか

の指針を明確にもつようにしましょう。

熱意があるときに私が大切にしていることがあります。それは、

キーワードで伝える

ということです。

例えば、努力をコツコツと続けることの大切さを伝えたいときに、長々と努力の大切さを語っても子どもたちは聞きません。

こんなときこそ、有名人の名言を活用するなどします。

小さなことを積み重ねることが、とんでもないところへ行くただ一つの道（イチロー）

積小為大「小さなことを積みあげることが大きなことを為し遂げる」（二宮金次郎）

このようにしてキーワード化することがおすすめです。

さらには、イラストや図にすることもおすすめです。それについては『子どもたちが身を乗り出して聞く道徳の話』（平光雄、致知出版社、２０１４）におすすめのイラストや図解が掲載されているので、ぜひ手元に置いておいてください。

ダメなことはダメときちんと叱る

「ほめる」と「叱る」を考える

「子どものよい面をどんどん見つける」（１４１ページ）の項で、「ポジティブとネガティブを８：２で伝えていく」といいました。詳しくは別項の「『ほめる』と『叱る』のバランスを意識する」（１５７ページ）でお伝えしますが、

「ほめる」と「叱る」の割合も8：2

と心得ておきましょう。

ただし、「叱る」が「２」であるからといってないがしろにするのではありません。む

しろ

きちんと叱るべきタイミングで叱るからこそ、「ほめる」が活きてくる

ともいえます。

さらに、次のことも心得ておいてください。

リーダーはきちんと叱れるからこそ、信頼を得ることができる

きちんと叱ることのできるリーダーのいない集団では、秩序が保たれなくなり、緊張感を欠いたりルールが乱れたりして安心して過ごすことができなくなってしまいます。

そして、次のことも絶対に忘れないでおきましょう。国語授業名人といわれる野口芳宏先生の言葉です。

愛があるから叱るのだ

その子に愛情があるから、その学級やその学校に愛情があるから、私たちは「叱る」という行為をしているのです。その根源を忘れないようにしていきましょう。

どんな場面で叱るのか

では、どんな場面で私たちは子どもたちを叱るのでしょうか。

基準として、私が心がけていることをお伝えします。あくまでも基準ですが、基準があるのとないのとでは大違いです。ぜひ、頭に入れておいてください。

・命の危険やけがにつながるようなことをしたとき
・人を傷付けるようなことにつながるとき
・人の言うことを三度言っても聞かないとき

・命の危険やけがにつながるようなことをしたとき

高いところから飛び降りようとする、教室内で暴れる、物を投げたり振り回したりする……。そのような命の危険やけがにつながるときには、必ず叱りましょう。

・人を傷付けるようなことにつながるとき

先生がアンテナを立てていなければ、子どもたちは友達を傷付けるようなことを言ってしまうものです。気になる言葉が聞こえてきたときには「今、何て言ったの?」「もう一度言ってみなさい」と、毅然として言うようにしましょう。また、ここには「人の話を聞かない」という行為への対応も含まれます。

・人の言うことを三度言っても聞かないとき

先生は子どもたちにあらゆる注意をします。その注意を三度言っても聞かないときには、きちんと叱りましょう。仏の顔も三度まで。それ以上言っても聞かない状態をそのままにしていてはいけません。

指示したことはきちんと確認する

確認を制する者は教室を制す

若い先生の教室を見ると、ほとんど共通して見られる課題があります。それは、

指示した後に確認が入っていない

ということです。確認とは、

先生が子どもに出した指示や与えた課題が実行されているかどうかを見ること

をいいます。

例えば、授業中に何気なく出される「ノートを出しましょう」という指示。先生のこの声を聞いて、子どもたちの8～9割は、言われたとおりにノートを出しています。

しかし、よくよく見ると、2～3人の子どもたちのノートが机の上に出されていません。とはいえ、30人とか40人をあずかる先生には、2～3人を視野に入れることができないときがあるわけです。

このような状態が続いてしまうことは、決してよい状態であるとはいえません。なぜなら、

指示を聞いていない2～3人から崩れていくことがある

からです。

ちょっと、想像してみましょう。先生の指示を聞きもらしてしまった2～3人の子どもたちは、その後どうなっていくでしょうか。

授業は進んでいるけれど、自分はその流れに乗っていない。本当はやるべきことがある

けれど、自分はそれがわかっていないので「ヒマだな～」とか「今、やることないのかな～」という状態に入っていきます。

すると

ちょいといたずらがしたくなる

のが、子どもというものです。隣の子どもにちょっかいをかけたり、消しゴムのカスを投げたりしたくなるものでしょう。

そうして火が大きくなってから「何してるの!?」と先生から注意が入るわけです。

この状況をふりかえってみても、

最初の確認を怠ったことから始まっている

といえるわけです。そして、「子どもたちへの確認」ができないままだと、

結局、同じことを繰り返す

ことになってしまいます。

ですので、次の流れを必ず押さえておきましょう。

指示→確認

「ノートを出した人は……」の後には、「手を挙げましょう」「立ちましょう」「頭の上にノートを上げて先生に見せましょう」「出しました、と言いましょう」という動作を入れた確認もおすすめです。また、先生から「この列はＯＫ」と列ごとに確認したり、「あと○人で全員揃います」というような言葉かけをしたりするようにしましょう。

「確認を制する者は教室を制す」――心の中に留めておいてください。

「ほめる」と「叱る」のバランスを意識する

「叱る」と「ほめる」を現代でどう考えるか

学校教育法第十一条では、

> 校長及び教員は、教育上必要があると認めるときは、文部科学大臣の定めるところにより、児童、生徒及び学生に懲戒を加えることができる。ただし、体罰を加えることはできない。

とされています。

また、2012年に起こった「桜宮高校バスケットボール部体罰自殺事件」により、体罰は一層の社会的問題に発展しました。それまでは、体罰に関してどちらかというと教員側のみに目が向けられていたことが、社会教育にまで発展していきました。

令和4（2022）年6月には、児童福祉法等改正法が成立し、

> （親は）児童のしつけに際して体罰を加えてはならない

ということが決められました。これまで以上に、子どもたちの心身を守ることに社会全体で力を入れているのです。

このようなことから、「先生の叱る行為」にも、一層の注目がされています。（子どもを叱る場面で、以前よりも注意を払うことが増えたという声を先生方から聞くようになりました。）

そうはいっても、150ページで述べたように、「叱るべきときには叱る」ことは外せません。

「叱る」ことについて、前提として知っておいてほしいことがあります。

普段から暗いクラスでは、明るいクラスと同じように叱っても効果は薄い

これは、「先生は普段からやさしい」「このクラスは明るくて楽しい」という感覚が子どもたちに実感されているかどうかが大きな分かれ道なのです。
「先生は普段はやさしい」「このクラスは明るくて楽しい」からこそ、先生から叱られたとしても「しまったな」「やさしい先生を怒らせてしまったな」「ちゃんと直さないとな」という気持ちがわきあがってくるもの。
「先生は冷たい」「このクラスは楽しくない」という状態で叱られたら、子どもたちには不満が残りがちです。そして、そのような「叱る」では、子どもたちが受け入れられず、叱る行為はむしろ逆効果であると心得ておきましょう。

では、普段からよい雰囲気を生み出すためにはどうしたらいいのでしょうか。

これは言うまでもなく

ほめる

ことが大切なポイントになります。ぜひ、8「ほめる」：2「叱る」のバランスを意識し、教室を明るい雰囲気にしていってください。

事実に言葉かけする

子どもたちの事実をほめてみる

もしかすると、若い先生の中には

子どもたちの何をほめたらいいのかわからない

という先生もいるかもしれません。

そういう私も、若いころは「子どもたちの何をほめていいのかわからない」一人でした。

いつも「すごい！」ばかりを連呼し、きっと子どもたちにも「この先生、『すごい』しか言わないな」と見透かされていたことでしょう。

では、子どもたちの何をほめたらいいのでしょうか。

まずは、次のことを意識してください。

子どもたちの事実をほめる

ということです。

それも、

小さなことで構わない

ということも押さえておきましょう。

私は若いころ、「子どもたちの心に残るようなことを」「何かとっておきのことを」という意識が強くありました。それはそれで気持ちはこもっていたといえますが、私の行動の範囲を狭めていたことも間違いありません。

「何かとっておきを言わないと……」と思うと、力が入りすぎて言えなくなってしまうのが、人間です。

そのようなことを防ぐためにも「小さなことをほめる」ということでいいのです。

事実＋ほめ言葉が「ほめる」の基本

では、子どもたちの事実をほめるとするなら、どのようなことをほめることができるのでしょうか。

朝、子どもたちが登校した場面をイメージして考えてみましょう。

・朝のあいさつがきちんとできている
・時間どおりに学校に到着できている
・朝の学習の用意ができている
・朝から友達と仲良く遊ぶことができている
・朝の会にサッと集中できている
・健康観察でよい返事ができている
・朝の学習にきちんと取り組めている

・授業の時間に間に合って着席している
・学習の準備ができている
・先生の話をきちんと聞いている
・学習にしっかり取り組んでいる
・友達と協力したり教え合ったりできている

このように「事実」に目を向け、

事実＋ほめ言葉

をセットにすることで、いくらでもほめ言葉を生み出すことができます。また、このようにほめるためには、子どもたちの姿をよく観察しなければいけません。

子どもたちにとっても、先生にとっても「事実＋ほめ言葉」はよい方法であるといえるでしょう。

子どもに合わせる

ペーシングをやってみよう

第2章の「子どもの中にいる子どもを知る」（69ページ）の項でもお伝えしましたが、子どもたちと接する中で、子どもたちのことをよく観察し、子どもたちを知ろうとすることは、とても大切なことです。

また、

子どもたちに合わせる

ということも、大切なスキルになりますので、ここで押さえておきましょう。

子どもたちをはじめ、人に合わせることは

ページング

と心理学では呼ばれています。心理学では、相手に合わせることで、相手に安心感を与えることができるといわれているのです。

なぜ、相手と同じだと安心するのか。

例えば、みなさんがだれも知らない人の集まる研修会に出かけたとします。もちろん、最初はだれもわからないので、不安や心配でいっぱいだと思いますが、その中でも恐る恐る周りの人とのつながりをつくることでしょう。

その際に

「同じ自治体の先生ですね！」

「私もサッカーをやっていました！」

「自分も国語を研究しています！」

などといった共通項を見出したときに、ほっとするということがあるのではないでしょう

か。それは、繰り返しになりますが

類似性の法則

が働くからです。

このように、「同じ」であることは、相手に安心感を与えます。それを意図的に日常の教室でもつくっていきましょう。

日常生活で合わせることができること

私たちが子どもたちと生活する中で、何を合わせることができるのでしょうか。

実は、たくさんのことを合わせられるのです。

・声の大小やトーン、速さ
・姿勢
・表情

・テンション

これらを子どもに合わせて話をすることで、子どもたちはうんと安心感をもつことができるのです。それが「ページング」の効果です。

では、ページングをどのように効果的に活用するといいのでしょうか。それは

相手のことをよく観察する（キャリブレーション）

ということです。相手をよく観察することで、相手との呼吸を合わせることができます。

教室には、本当に様々なタイプの子どもたちがいます。テンションの高い子、物静かな子、独特な感性をもっている子、何か一つのことに熱中している子……。そんな子どもたちすべてを相手にするのが、学校の先生の仕事なのです。

ぜひ、子どもに合わせるということを意識してみてください。

時には言葉以外で言葉かけする

言葉を使用しない言葉かけの効果

言葉かけというと、もちろん基本は言葉を使用するわけですが、時として

言葉を使用しない言葉かけもある

ことを押さえておきましょう。

とりわけ子どもたちには、視覚に訴えるような言葉かけが有効です。

ジェスチャーを使った言葉かけ

では、言葉を使用しない言葉かけとして、どのような方法があるのでしょうか。それは

ジェスチャーを活用する

というものです。ジェスチャーであれば、いつでもどこでもすぐに活用することができますし、言葉かけとは違った方法で子どもたちにアプローチすることができます。

例えば、

- 親指を立ててGOODのサインを出す
- 人差し指と親指の先をくっつけてOKのサインを出す
- 頭の上に大きな丸印をつくる
- 空中に花丸を書いて、全体をほめる

・両手をたたいて拍手する

などの方法が考えられます。拍手以外は、音を立てずに子どもたちをほめることができるので、静かな空間でも活用することができておすすめです。

子どもたちは、先生の身体いっぱいの言葉かけに喜ぶことでしょう。

ぜひ、全身を使って子どもたちに言葉かけをしてあげてください。

文字を使った言葉かけ

これも、音声の言葉以外で実施できる大変有効な言葉かけです。

ズバリ、

子どもたちへのほめ言葉を文字にして伝える

という方法です。書いてあげるのは何でも構いませんが、

一筆箋

がおすすめです。子どもたちへ渡したときにも特別感がありますし、保護者の方にも喜ばれます。もちろん

黒板

を活用することもできます。全体へ知らせたいほめ言葉などは、ぜひ黒板を活用してください。準備物なしですぐに実践できるところもうれしいポイントです。

自己紹介で語った思いを一年間貫く

自分軸に関する苦い思い出

本章では、「子どもたちへの言葉かけ」について紹介してきました。
子どもたちへの言葉かけで大切なことは、

ぶれない自分の軸をもつ

ということです。
子どもたちは本当によく先生の声を聞いたり、しぐさを見たりしています。つまり

先生の一貫性を見ている

ともいえるでしょう。

私には、苦い経験があります。

若いときに勤めた学校では、自分の力量の少なさからなかなか子どもたちとうまくつながりをつくることができませんでした。もちろん、学級もうまくいかず、毎日子どもたちの対応に追われるような日々を送っていました。

年度はじめの私は「トイレ行ってきま～す」という子どもたちの声に、「授業中には行きません！」とはっきり伝えていました。もちろん、トイレに行くという言葉を出しつつエスケープすることがわかっていたからです。「なんとか学級を保たなくては……」と必死になっていた私は、子どもたちの勢いに必死に抵抗していたのでした。

しかし、ある日、ついにポキッと心が折れてしまいます。

ある子たちに「トイレ行ってきます～」と授業中に言われました。

いつもなら「授業中には行きません！」と言っていた私でしたが、この日は「もうどうにでもなってくれ……」という弱音から「はい、どうぞ」と言ってしまったのです。

この対応を見ていた別の子は、大激怒しました。

「なんで女子だけいいんや!!」

その日にトイレに行きたいと言った子どもたちは、たまたま女の子でした。そして、これまで私がトイレを制し続けてきた子どもたちは、男の子だったのです。

この日を境に、さらに学級は荒れ果ててしまったのでした。

若き日から考える自分軸

今、あの日をふりかえってみると、「そりゃあ、怒った男の子が言ったとおりだなぁ」と思います。私の対応はブレブレで、子どもたちから信頼を得ることができなかったのです。

このときのことを考えると、やはり自分軸が大切だなぁと感じます。「トイレに行かせる」「トイレに行かせない」という対応は、どちらでも構わないのだと思います。ただ、そこには、子どもたちも私自身も納得ができる「自分軸」が存在していたのかどうかが、大きなポイントだったなぁと思います。

自分軸をつくるために

自分軸をつくるためには、第1章で紹介した「自分の大切にしたいこと」を日々意識することはもちろんですが、あわせて

ふりかえりを定期的に行う

ということが大切だと思っています。私は、今でも一週間ごと、ひと月ごと、そして一年ごとに、ふりかえりの時間を自分に設けるようにしています。紙の手帳に、自分の思いついたことを手書きで残すようにしていくのです。

こうした作業が自分をつくっていきます。コツコツとしか積みあげることはできませんが、自分軸をつくる大切な作業なので、ぜひやってみてください。

第5章　子どもたちの声を聴く

子どもの声を聴くからつながれる

「先生⇅子ども」へと変化させる

うまくいっていない学級には、共通点があります。それは、ベテランも若手も関係ありません。ズバリ

子どもたちの声を聴いていない

ということです。

今から10年前の学級であれば、

・先生から優れた答えを出す
・先生の言うことをしっかりと聞かせる

ということによって学級はうまく回っていました。（もちろん、そのような方法に当時から批判もあったと思いますが……）

新任アドバイザーとして活躍されている野中信行先生は、

子どもたちが「子ども」をしてくれなくなった

という表現をされています。この「子ども」とは、よくいえば素直な子どもたちといえるかもしれませんし、悪い見方をすると「こちらの都合のいいように動いてくれる子どもたち」ともいえるかもしれません。

そのような子どもたちにも、変化がおとずれています。

一昔前の「先生の言うことを聞いて行動する」子どもたちから、**「自分たちでいろいろ**

なことをつくり出したい」という子どもたちに変化していると、現場で実感しています。

この変化の要因が何であるかはわかりません。

ＹｏｕＴｕｂｅなどを含めた発信型の動画コンテンツが発達したからなのか、ＳＮＳの普及で、より高速に子どもたち同士が情報を交換できるようになったからなのか、そこには様々な要因があることでしょう。さらに、ＧＩＧＡスクール構想が発展し、子どもたちはより主体的に活動することが学校内でもできるようになりました。

こうした環境の変化と、子どもたちが本来もっている本能のようなものがかけ合わさり、

子どもたち自らが「つくりたい」という欲求をもつようになった

といえます。

だからこそ、先生と子どもたちのやり取りを

先生↓子ども

ではなく、

先生⇅子ども

という図式にすることをスタンダードにしなければいけないのです。

これは、学級全般における生活でも日常の授業でも変わりはありません。

子どもたちからどのようにして意見を引き出すのか。

子どもたちと対話をしながら、どのようにつくり出していくのか。

そんなことをいつも意識するようにしてみてください。

子どもたちは本来、本能的に「自分でやってみたい」「自分でつくってみたい」という欲求を強くもっています。

その前向きな欲求をうまく引き出せるかどうかは、先生のマインドセットとスキルにかかっています。

ぜひ、先生と子どもたちとの対話で生み出される学級&授業づくりを目指してください。

自己紹介で質問を受ける

「聴く」大切さを改めて見つめ直す

前項では「先生↓↑子ども」のやり取りを大切にすることを述べました。つまり、

先生が聴き上手になる

ことが求められているともいえるでしょう。

聴くことに関しては、「聞くは一時の恥、聞かぬは一生の恥」「二度聞いて一度物言え」「雄弁は銀、沈黙は金」といった名言や諺が存在します。これらの諺からもわかるように、聴くことは古来から価値付けられてきているのです。

さらに、心理学の世界では、

傾聴

が昔からずっと大切にされてきています。心理学の世界では大変有名なカール・ロジャーズは「来談者中心療法」を確立し、クライアントの声を聴くことをカウンセリングの中軸に置きました。それくらいに「聴く」ということが大切にされているのです。

出会いの場から「聴く」場面をつくる

では、そのような場は、どのようにしてつくり出すといいのでしょうか。それは、

出会いの日の自己紹介の場面で、質問の時間を取る

ということです。子どもたちは、先生から「質問はありませんか？　何でもいいですよ」と聞くと、ワッと手を挙げて質問したがります。

この「質問ができる」という場をつくることが何より大切です。子どもたちに、「この先生は自分たちの話を聴いてくれるんだ」という印象をもってもらうことが何より大切なことなのです。

したがって、質問の内容にもこだわらなくて構いません。

ただし、時に子どもたちは先生のプライベートも関係なしにどんどん質問をしてくることがあります。

これは答えたくない、答えにくいなぁと思ったら

その質問には答えることはできません

と、きっぱり言ってもいいのです。子どもたちのことを気遣うあまり、自分を押し殺してはいけません。無理なことには無理して挑戦する必要はありません。

ぜひ、出会いの日に少しの時間でもいいので、自己紹介への質問タイムを取り入れてください。教室の雰囲気もうんと明るくなりますよ。

子どもの声を聴く～休み時間～

休み時間で最も聴いてほしいこと

では、実際に子どもたちの話をどのようにして聴いていくといいのでしょうか。

ここでは、休み時間の「聴く」について考えていきましょう。

まず、ダントツで大切にしてほしいことが

子どもたちの困りごとや悩みを聴く

ということです。

子どもたちは、様々な困りごとや悩みを抱えています。友達とのトラブル、人間関係、学校生活全般でのこと、宿題になかなか取り組めない、など……。

どの対応も、基本的には

子どもたちの話をまずは聴くこと

から始まります。友達とトラブルになっていれば「何があったの?」と、双方から聴きますし、人間関係の悩みがあったら「まず、困っていることを教えてくれる?」という質問から始まります。

さらに、宿題をやってこない、という場面でも、いきなり頭ごなしに伝えるのではなく
「何かあったの?」

「取り組めない理由があるの?」

と、聞いてみましょう。

もしかすると「習いごとが忙しくてできない」「家庭の事情で取り組むことができない」ということもあるかもしれないのです。

もちろん、

ただ、やっていないだけ

ということもあるでしょう。そんなときも

どうしてやれないんだろう？
やれるようになるためにはどうしたらいいかな？

と問いかけるようにしてください。そうすることで、行動の改善を子どもたち自身に委ねることができるようになります。ここで次はこうしなさい、と言ったところで、子ども自身の行動の改善にはつながりません。解決策を伝えたくなる気持ちを抑えて、子どもたちに質問をするようにしてみてください。

トラブル時の子どもたちへの聞き方

子どもがトラブルを起こしたとき、ついつい私たちは子どもたちに「具体的な解決方法を提示」してしまいがちです。「次からこうしましょう」「今回は○○がダメだったね」という具合です。しかし、こちらから答えを出すばかりでは、子どもたちは解決する力をいつまでも身に付けることができません。

そこで、

どうしたらよかったのかな?
次からどうすればいいのかな?

と問いかけてあげてください。もともと、子どもたちは自分で何でもやってみたいもの。その気持ちを最大限に活用しましょう。

子どもに問いかけてみる～授業時間～

発問とは

授業において特に重要だといわれているスキルがあります。
それが

発問

です。授業の中で、何回子どもたちに問いかけるのか、何を問いかけるのか、いつ問いかけるのか。特に研究授業などの場面では、発問はよく吟味される要素の一つです。

これは授業に限ったことではなく、「論文を執筆するとき（リサーチクエスチョン）」

「レポートを書くとき（課題の明確化）」「説明文を指導するとき（問いの文）」でも同じことがいえます。何かを考えたり主張したりするとき、「問い」は本当に重要な意味をもつのです。

文部科学省は、発問と質問の違いについて次のように言っています。

・「質問」は子供が本文を見ればわかるもの
・「発問」は子供の思考・認識過程を経るもの

さらに、発問の要件として

1　何を問うているのかがはっきりしていること
2　簡潔に問うこと
3　平易な言葉で問うこと
4　主要な発問は、準備段階で「決定稿」にしておくことということも述べています。

授業中、子どもたちに問いかけるとは

授業中、子どもたちに問いかけるとはいったいどのようなことなのでしょうか。私は

子どもたちが一つの発問に対して、ああでもない、こうでもないと話し合いをすること

だと思っています。

つまり、一つの発問で

・より長い時間話し合える
・よりたくさんの発話が出る
・より多様な意見が生まれる

ことを目指しています。

このような問いは、子どもたちも私たちも真剣に考える重要な学びへとつながっていくのです。そのような発問を生み出すことが、授業中に子どもたちへ問いかける醍醐味であるといえるでしょう。

では、どのような発問をすれば、そのような問いかけに近づいていくのでしょうか。やはり、そこには王道はなく、教材分析をすることや児童観を磨くことなど、地道な作業の積み重ねをする以外にありません。

私が単元のはじめによく活用している発問があります。

気が付いたこと、疑問に思うことは何ですか？

というものです。教科書には、単元の扉ページに一つの教材が示されていることが多くあります。その教材を活用して、子どもたちからたくさんの意見を引き出すことから授業を始めることが多いです。

子どもの声を聴くスキル①　素直に問い返す

子どもたちの意見に問い返してみる

授業中、子どもたちは様々な意見を主張します。指導書に掲載されているようなお手本の答えや、こちらが思ってもみなかったようなことを言うとき、さらには「なんでこんな間違いを？」と思うようなことを言うことだってあります。

特に

こちらが「なんで？」と引っかかったとき

が、チャンスであると捉えましょう。

例えば、道徳や国語、社会などの授業で、お互いの考えを伝え合っているときなどには、よくそのような場面に出会います。

「なぜ、そんな意見を言うんだろう」

「それは思いつかなかったなぁ」

と、先生側が思う場面がいくつも存在するのです。

そんなときに、私が心がけていることがあります。

それは、

どうしてそう思ったの？

と、素直に聞くことです。これは、

切り返し発問

と呼ばれています。切り返し発問には、

子どもたちの意見をもとに、さらに深い思考に向かうことができる

という利点があります。ここで大切なのは、

子どもたちの意見をもとにしている

ということなのです。いつも、先生側からばかりだと「先生→子ども」の図式になってしまいます。そうではなく、１８１ページでも紹介したように、「先生⇅子ども」の図式をつくり出さなければいけませんし、「先生←子ども」という流れもたくさん生み出したいところです。そして、そこには

切り返し発問をするためには、子どもたちの意見をよく聞かなければいけない

という条件が必ず付いてきます。

授業中に子どもたちの意見を聞くことで、授業を深め、子どもたちとさらに確かなつながりをつくることができるようにしていってください。

子どもたちが間違いをしたときには

子どもたちは、時にこちらが想定できないような「間違い」をすることがあります。算数の問題を解いているとき、新しい漢字を覚えようとしているとき……。いろいろな場面で間違いを出してくることがあります。

「ちゃんと教えたのに!?」「なんでこんなことに!?」と嘆きたくなる気持ちを抑えて、

この間違いを引き起こしている原因は何か

と思考するようにしてみましょう。すると、子どもたちの側に立ち、次の指導のヒントが多く見つかりますよ。

子どもの声を聴くスキル②　素材研究をする

どうやって子どもたちの声を授業中に聴くのか

子どもたちは、授業中に本当に多様な意見を出します。
ただ、ここで気を付けなければいけないことがあります。

何でもかんでも「いいね」ではいけない

ということです。子どもたちの意見をいつも数値に当てはめたり「Ａ・Ｂ・Ｃ」と評定を付けたりすることができるわけではありませんが、「この意見はどこに向かおうとしているのか」「この意見はどんな影響をもたらすのか」を先生は瞬時に判断しながら子どもたちの意見をファシリテートしていかなければいけません。

子どもが話すだけの授業を展開するのであれば、それはただの「おしゃべり授業」になってしまいます。やはり、授業には専門性というものがほしいところです。

かといって、先生にとって都合のいい意見ばかりを先生が拾おうとすると、子どもたちは先生が喜ぶような意見を探したり、先生に認められることを目的にして意見を出したりするようになってしまいます。

素材研究で先生の聞き耳アンテナを鍛える

では、どうすれば子どもたちの意見を聞きつつ、授業に専門性をもたせていけるのでしょうか。これまでもご紹介している野口芳宏先生は、

素材研究を豊かにする

ことを提唱されています。

野口先生は、教材研究を次の三つの枠で捉えていらっしゃいます。

・素材研究
・教材研究（何を教えるのかなど）
・指導法研究（発問や指示、資料提示など）

そして、教材研究を100として考えると、次のような力のかけ方をもって進めるのがよいとしたのです。

・素材研究……50％
・教材研究……30％
・指導法研究…20％

私たちの教材研究は、野口先生の教材研究論からすると、ほとんどが「指導法研究」によっていたのではないでしょうか。どんな発問を出すのか、どのように板書をするのか、どのように資料提示をするのか、どのような学習形態を取るのか……。すべて「指導法」

り、

に関わる議論をしてきました。

野口先生は、それよりも「何を教えるのか」といったことを考える「教材研究」をしたり、

教師面を捨てて一人の人間として作品に向き合う

という「素材研究」をしたりすることを重視したのです。素材研究は、教えるということを捨てて、一人の人間として素材（子どもたちに対して扱う予定である教材）と向き合い思考することです。

この素材研究をすることで、子どもたちが発する意見が、引っかかってくるようになります。素材研究を豊かにするからこそ、子どもたちの意見を豊かに受け止めたり解釈したりすることができるようになっていきます。

ぜひ、素材研究で子どもたちの声を聴けるようにしてください。

第６章　活動を通してつながる

ゲームでつながりをつくる

初日にゲームをする理由

学級開きに関するWEB記事や書籍には、

初日にゲームをしよう

というものをよく見かけます。もちろん、その理由の第一は

楽しいから

です。

45ページにも書きましたが、保護者の方は、学校の様子を子どもから毎日聞くわけではありません。あまり学校のことを話さない子ども×興味関心が高くない保護者であれば、本当に少ない回数しか学校のことを子どもたちから聞くことはないでしょう。

しかし、**初日は違います**。初日だけは

「新しいクラスどうだった？」

「どんな先生だった？」

「だれと同じクラスになった？」

と、情報を子どもたちから聞き出そうとするものです。

その答えとして（保護者が望んでいる答えかどうかはさておき）子どもたちが「楽しかった！」と答えられることがベストだと思うのです。

そのためのシンプルな方法として、初日にゲームをすることは、とても有効なことです。

その他にあげられるゲームの効果

実は、初日にゲームをするのには、他にも二つの大きな理由があります。

まず一つ目は、

先生の言うことを聞かないとゲームは成立しない

ということが関わっています。

当然のことのようですが、これは学級経営上、とても大切なことです。ゲームには、みんなで楽しむためにルールが必要です。ルールを聞いていなければゲームに参加できませんし、聞いて得たルールを守らなければゲームを楽しむことはできません。これがとても大切なのです。つまり、

先生の言うことを聞くから活動ができる
先生の言うことを聞くから楽しいことができる

という構図ができあがります。

すると、

先生の言うことを聞く練習

の機会が生まれるのです。**まだ集団が育っていない未熟な段階では、「先生が発信するゲームを行う」ということが、集団をまとめることにつながって**いきます。

そして二つ目の理由として、

子どもたち同士をつなぐことができる

こともあげられるでしょう。一人で活動するゲームは学校には存在しません。みんなといっしょに楽しんだり協力したりすることが基本になります。ゲームという活動そのものが、学級のみんなとのつながりをつくるのだと覚えておきましょう。

ゲームを通じてつながる① くじ引き

おみくじの効果を使おう

普段はなかなか神社に行かない人も、初詣となれば話は別で、みなさんも初詣でおみくじを引くことがあるでしょう。

おみくじは、どうしてあんなにも人気があるのでしょうか。

最近は「パワースポット」が流行っており、観光などで神社に行く人が多いようですが、その際におみくじが長蛇の列をつくっていることも少なくありません。

神社側も、昔ながらのみくじ筒だけでなく、水にぬらすと文字が浮かんでくるおみくじなど、創意工夫を凝らして、おみくじをさらに盛り上げているようです。

私たちがおみくじを楽しむその理由は、単純に

楽しいから

でしょう。

そして、何が楽しいのかといえば

何が出てくるのかがわからない

ということだと思います。もちろん、大吉であれば、なおうれしいですし、凶であればがっかりはします。ただ、凶が出ても「まぁおみくじだし」とそれはそれで案外楽しめるものです。

この「何が出てくるかわからない」というシンプルな要素を学級でも活かしましょう。

学級でくじ引きをする

学級では、

子どもたち一人一人をくじにする

ことをおすすめします。方法としては

・割りばし方式
・紙のくじ方式
・ＷＥＢルーレット方式(「ルーレット オンライン 無料」などの検索でヒットします)

などがあげられます。どれも、とても簡単にできるものばかりです。

まず、それぞれのくじには「出席番号」を記入、または入力するようにしてください。名前を書いてしまうとたびたびつくる手間がかかるので、出席番号がおすすめです。

そして、何かあるたびにくじを引いてみましょう。

朝の会や帰りの会のスピーチ、授業で発表をするとき、明日の日直など……。何気なく決めている場面で、くじ引きを入れると、偶発性が生まれ、普段と違った楽しみを得ることができます。

もし、くじ引きの結果に不満を言う子がいるときには「それは、くじ引きの神様に言ってね」と笑いを含んであしらうようにしましょう。楽しいことをしているので、指導の場面もできるだけ楽しく済ませられるようにするのです。

ゲームを通じてつながる② じゃんけん

じゃんけんの秘めた力

先ほど紹介した「くじ引き」よりもさらに簡単に子どもたちと楽しむ方法があります。
それが、

じゃんけん

です。

子どもたちは、「先生とじゃんけんをする」というだけでものすごく喜びます。ある年、5年生を受け持っていましたが、下校時に「先生とじゃんけん」をするだけで、子どもたちも大喜びでした。「じゃんけんってすごいなぁ」としみじみ実感したものです。

じゃんけんでいうと、印象的なエピソードがあります。

ある年、生活指導主任を受け持っていたのですが、生活指導主任には「始業式の日の朝、体育館に集まった子どもたちの指導をする」という不思議な仕事がありました。まだ担任の先生も紹介されていないので、子どもたちは旧クラスで整列して始業式が始まるのを待つわけですが、その指導の役割を生活指導主任が担う、というようになっていたわけです。

当時の学校は全学年２クラスずつの配置でしたので、ざっくりですが全校児童は３５０人ほど。規模でいうと決して大きいわけではありませんが、一人で見るには十分すぎるくらいの子どもたちの数です。

もちろん、静かになるように指導をして、職員室の会議が終わるまで先生方を待ってもいいわけですが、それでは味気がありません。

ここで、私が採用したゲームが

でした。ルールは本当にシンプルで、

じゃんけん大会

先生に負けた子やあいこの子から座っていく

という、どこにでもある方法を選択しました。

「最初はグー、じゃんけん、ほい!!」と、体育館の全員で声を出すわけですが、なかなかの迫力でした。1年生から6年生まで関係なく思いっきり声を出す姿は、見ていてすがすがしいものがありました。

そして、最後の数人になったら体育館の舞台に登場してもらいます。もうこれだけで会場はなぜか最高潮に達しています。

さらに、勝ち残っている子とは別の子ども数人を、前に呼びます。

じゃんけんをする前に、彼らに、私が出す次の手を予想させるわけです。(じゃんけんをする子や、会場には見えないようにします。）彼らのリアクションが、子どもたちの興奮をさらに高めてくれました。

また、舞台上の子が負けたら敗者復活、としておいたので、敗者復活戦になれば会場はさらに盛り上がります。

じゃんけんはだれもが知るゲームの一つで説明がいりません。また、ちょっと取り入れるだけで、子どもたちとも楽しい雰囲気がつくれます。

「さようならの前に先生とじゃんけん」や「発表するときに、隣の人とじゃんけんをして勝った人から」など、何気ない場面でじゃんけんを取り入れてみましょう。それだけで、楽しい雰囲気がつくれます。

ゲームを通じてつながる③

おしゃべりを学級で活かす

おしゃべりタイムを設定する

多くの子どもたちはおしゃべりが大好きです。このおしゃべり好きという子どもたちの特性を活用し、ぜひ、学級の中でもおしゃべりタイムを入れるようにしてみてください。

私は

朝の会、帰りの会のプログラムの中に数十秒のおしゃべりタイムを入れる

ようにしています。

例えば朝の会であれば、「今日一日がんばりたいことは何ですか?」と聞く際に、ひと

工夫をしています。

ペアで30秒～1分ほど話す時間を入れる

ということです。

さらに、

挙手制だけにしない

ということがポイントです。

ペアで話す時間を入れずに挙手制だけにすると、数人の子どもたちしかおしゃべりをすることができません。

・朝から一言話すことで一日のスイッチを入れてほしい
・全員に発言の機会を確保してあげたい
・「話す」ことを通じて、全員に考えてもらいたい

このように、全員が話してほしい、という願いがあるので、挙手制にはしないのです。こうして、ペアで話をした後に、数人の子が発表する、という流れを取っています。

帰りの会も同様です。帰りの会では、例えば次のようなお題でおしゃべりをします。

24時間以内にあった小さな〇〇

おすすめなのが、「幸せの4因子」（『「幸福学」が明らかにした　幸せな人生を送る子どもの育て方』ディスカヴァー・トゥエンティワン、２０１８）を提唱している慶応義塾大学の前野隆司先生がおっしゃる

・やってみよう（挑戦）
・感謝
・つながり
・なんとかなる（楽観性）

をふりかえることです。

一週間など期間を設けて、「24時間以内に取り組んだ小さな『やってみよう』とは？」などと、帰りの会にお題を出してみてください。

運動場で子どもとつながる

子どもたちの世界に飛び込む

運動場で子どもたちとつながることとは、ズバリ

子どもたちと運動場で遊ぶ

ということに他なりません。時代がどれだけ変わっても、子どもたちは運動場で遊ぶことが大好きで、休み時間の運動場には、子どもたちの元気な姿があります。

また、そこでは、子どもたちならではの世界がつくられます。

「ドッジボールの球が速い」

「一輪車はだれにも負けない」

などといったことは、今の時代も子どもたちの世界ではヒーローです。また、おにごっこの足の速さも同じことがいえるかもしれません。

その世界の中に先生もぜひ飛び込んでみましょう。

あるベテランの先生は、「子どもたちと遊ばなくなったときは教師を辞めるとき」と言っていました。（私は違いますが……）それくらい大切にする先生もいらっしゃいます。

運動場での子どもたちとの関わり方

運動場では、子どもたちに対して二つの関わり方があります。

完全に子どもたちの中に入る（ドッジボールなどに参加する）
外から見守る（ドッジボールなどには参加しない）

どちらも大切な関わり方です。そのどちらが正解というわけではありません。

子どもたちといっしょに参加することと、外から見ること

子どもたちといっしょに参加することは、なんといっても

「遊び」の中で子どもたちと関係をつくることができる

ことがポイントです。子どもたちは何より「いっしょに遊んでくれる」先生が大好きです。つながりをつくるには、もってこいの方法でしょう。また、

子どもたちの中に入るからこそ見える気付き

もあります。「こんなやさしさがあるんだな」や「運動場ではこんな姿をしているんだな」と、違った顔を見ることができることもあります。

人は状況や場所によって受ける影響が違います。だからこそ、その場に行かなければわからない子どもたちの姿もたくさんあるわけです。

一方で、外から見ることで、先生の影響力を減らすことができます。その距離感で気が付くことも多くあります。「〇〇さんは××さんとつながっているんだな」「△△さんと◆◆さんは思ったよりも仲が良いぞ」などといった気付きを得ることができるのが、あえて子どもたちの遊びの中に入らずに子どもたちを見るという方法なのです。

教室で子どもとつながる

教室で過ごす子を観察していて気付くこと

みなさんは、「子どもたちとよく遊ぶ先生」と聞くと、やはり「運動場で子どもたちと汗をかいている」姿を思い浮かべるのではないでしょうか。

しかし、

教室で遊ぶ子どもたちもいる

ということを忘れないでください。

これは、当たり前のことですが、とても大切なことです。

運動場によく出ていく先生は、ついつい「自分は子どもたちとよく遊んでいる」と思いがちです。もちろん、そのとおりなのですが、運動場ばかりに目を向けていると

教室にいる子どもたちのことを忘れてしまう

というデメリットが生じてしまうのです。

運動場によく出る先生は、週に一度か二度でも

教室に残って子どもたちを観察してみる

ということをしてみてください。

教室で一人で過ごす子どもをどう見るか

休み時間、教室で過ごす子どもたちを見ていると、あることに気が付くことがあります。

一人で休み時間を過ごしている

こうした子は、教室で過ごしている場合がほとんどです。
みなさんは、このような子どもをどのように捉えるでしょうか。
・休み時間なのだから、一人で過ごしたかったら過ごしてもいいんじゃないか
・やっぱり友達と関わって過ごしている方が安心だなぁ
様々な意見があることでしょう。

このことは、とても重要です。保護者の方と面談をしていて、必ずと言っていいほど質問されるのが、

休み時間はだれと過ごしていますか

ということです。

その際、

「一人で過ごしていることが多いですね」

と、言えますか？

自分から選んで一人で過ごしているのかどうか

を見極めておく必要があるのです。

自分から選んでいる場合は、休み時間の切れ目の時間（休み時間→掃除時間など）といった場面や授業場面では、他の子と自然に会話をしていることがあるはずです。また、口数の少ないおとなしい子であっても、周囲が気にかけて話しかけるということがあることでしょう。時には一人で過ごす、時にはみんなで過ごしているという休み時間の使い方であれば、それも安心材料となります。

一方で、一人で過ごすしかないという状況なのであれば、要注意です。その場合は、周囲の先生にも相談し、すぐに手立てを打つ必要がある事案ということを覚えておきましょう。

授業で子どもとつながる①

子どもの意見を聞く

授業でつながりをつくるために

ここまで、子どもたちとのつながり方全般についてのことや、学級開きや休み時間に焦点を当てて述べてきました。ただ、学校のほとんどの時間は

授業

です。私が勤めていた小学校（６時間授業の場合）では、

・朝の会…10分

・朝学習……10分
・休み時間…65分
・給食時間…40分
・掃除時間…20分
・帰りの会…10分

でした。これは、授業時間外のすべての時間となりますので、授業時間外の総時間は

155分（2時間35分）

です。

一方、授業時間を計算してみると……

45分×6＝270分（4時間30分）

にもなり、2時間近くの差があります。そう考えると

授業時間で子どもたちとつながる

ということが大事になってくることがわかります。
そのためには、

子どもたちの意見を聞く授業をすること

が求められます。

授業というと、先生が教えるというイメージがあるかもしれませんがそれだけではありません。東京大学の市川伸一先生は、

教えて考えさせる授業

ということを提唱しました。授業では、教えることはもちろんですが、考えることも大切なことなのです。

考えた後には、必ず

子どもたちの意見を聞く

という流れになっていきます。ぜひ、授業の中で、発問などを活用しながら「子どもたちの意見を聞く」ということを大切にしていってください。

授業で子どもとつながる②　分かち合う

喜びを分かち合える場面をつくる

前項では、学校で最も長く過ごすのは授業の時間であることから、授業で子どもたちとのつながりをつくることの大切さを述べました。そのうちの一つの方法が、「子どもの意見を聞く授業」をすることですが、もちろんそれだけではありません。もう一つ、次のことを大切にして子どもたちとのつながりをつくってほしいのです。

できたらほめる

これも当たり前のことではありますが、とても重要なことです。

子どもたちにとって、授業とは「考える」ことはもちろんですが、

できるようになること

ということが、重要な要素の一つになります。

さらに、子どもたちからすると、「考えること」よりも「できるようになったこと」の方がわかりやすく、達成感を得やすいともいえるのです。

ということは、

先生が子どもたちをできるようにさせてあげる

ことも重要になってくるのです。子どもたちは、自分たちのやれることを増やしたり伸ばしたりすることが何より自信につながっていきます。「この時間で子どもたちが何をできるようになるのか」を考えてあげることも大切なことです。

なぜ、できるようになることが大切なのか。

それはもちろん、

できるようになった喜びを分かち合うことができる

からです。何年教師という仕事をしていても「子どもたちができるようになる瞬間」というのは、本当にうれしい時間です。跳べなかった跳び箱が跳べるようになった、できなかった漢字テストが満点を取れるようになった、うまく読むことができなかった文章が読めるようになった……。これらの瞬間は、本当に子どもたちと喜びを分かち合える瞬間でもありますし、小学校現場の醍醐味であるともいえるでしょう。

次のような言葉があります。

喜びは分かち合えば2倍になり、悲しみは分かち合えば半分になる―

ぜひ、たくさんの喜びを生み出し、教室で2倍にしていきたいものです。

授業における「できる」は意図して設定する

では、子どもたちができるようになることを大切にするための、教師の役割とはいったい何なのでしょうか。それは、もちろん

できるようになる場面を設定してあげること

といえます。例えば、体育のハードル走の授業では「靴の裏が見えるようにハードルを跳び越えましょう」という指示・説明をすることがあります。子どもたちは、先生の言葉を聞き、それに挑戦をしてみます。すると、ハードルを跳び越える際に足がピンと伸び、実に美しくスムーズにハードルを跳び越えることができるようになります。

そうして、先生は当然「すごい！」「上手！」と言ってあげることができます。ぜひ、こうした瞬間を、授業づくりを勉強することで、一つでも多く生み出してほしいなぁと思います。

おわりに

本書をここまでお読みいただき、ありがとうございました。

子どもたちとつながりをつくる大切さが伝わったでしょうか。

また、子どもたちとつながりをつくるためのコツをおわかりいただけたでしょうか。

子どもたちと先生がつながりをつくることのよさや方法が伝わっていれば、何よりうれしいなぁと思います。

実は、私自身、子どもたちとのつながりをつくるということの失敗を何度もしてきています。

まずは、初任時代。「子どもたちとつながりをつくりたい！」という思いを強くもっていましたが、そのための方法も考えも何ももちあわせていませんでした。

その結果、子どもたちと私との関係は最悪に――授業中も子どもたちは落ち着かなくなり、本当に子どもたちに申し訳ない一年でした。時計の針を戻すことができるのであれば、もう一度やり直したい気持ちでいっぱいです。

そして、次は教員経験10年を迎える前の中堅時代。初任のころ、先のような大失敗をしてしまったので、そこからスキルやノウハウを学び続け、受け持つ学級も次第に落ち着きが生まれたり、学習に向かう姿勢が見られたりするようになっていました。そんな手ごたえを得ていたので、「もっと勉強しよう」と、一つでも多くのスキルやノウハウを手にしようと必死になっていました。

そこで、私は一つの大きな忘れ物をしていたのです。

教師としての考え方

子どもたちとつながりをもつのはどうしてなのか？

自分は、どのような先生として子どもたちとつながりをもちたいのか？

やり方ばかりに目を向けてしまい、

あり方

に目を向けることが疎かになっていました。結果、その年に受け持った子どもたちとも、あまりよい関係をもつことができたとはいえませんでした。

だからこそ、本書では「やり方」と「あり方」の両方をふんだんに入れさせていただきました。これからの時代を背負う若い先生方にとって、これからの時代の学級経営のヒントになれば幸いです。ぜひ、本書を通じてすてきな子どもたちとのつながりをつくっていってください。

丸岡　慎弥

令和6年9月

【著者紹介】

丸岡　慎弥（まるおか　しんや）

1983年，神奈川県生まれ。三重県育ち。

立命館小学校勤務。関西道徳教育研究会代表。

教師の挑戦を応援し，挑戦する教師を応援し合うコミュニティ「まるしん先生の道徳教育研究所」を運営。自身の道徳授業実践や教育に関する記事も公開中。

著書に『高学年児童がなぜか言うことをきいてしまう教師の言葉かけ』『話せない子もどんどん発表する！対話力トレーニング』（以上，学陽書房），『２時間でわかる学級経営の基礎・基本』『２時間でわかる授業技術の基礎・基本』（以上，東洋館出版社），『取り外せる文例集つき！　現場発！小学校　「特別の教科　道徳」の見取り・評価パーフェクトブック』（フォーラム・A），『生徒指導主任　365日の仕事大全』『研究主任　365日の仕事大全』『教務主任　365日の仕事大全』『ココが運命の分かれ道!?　崩壊しない学級づくり　究極の選択』（以上，明治図書）など多数。

はじめて学級担任になる先生のための
つながり方のルール

2024年10月初版第１刷刊 ©著　者　丸　岡　慎　弥

発行者　藤　原　光　政

発行所　明治図書出版株式会社

http://www.meijitosho.co.jp

（企画）林　知里（校正）西浦実夏

〒114-0023　東京都北区滝野川7-46-1

振替00160-5-151318　電話03(5907)6703

ご注文窓口　電話03(5907)6668

＊検印省略　　組版所　日本ハイコム株式会社

Printed in Japan　ISBN978-4-18-264115-2